Luigi Giussani

L'UOMO E IL SUO DESTINO

IN CAMMINO

MARIETTI *1820*

I Edizione 1999

ISBN 88-211-6865-0

Indice

Introduzione 7

Parte prima

I. «Dio tutto in tutto» 11
II. «Cristo tutto in tutti» 25
III. Cristo vita della vita 51

Parte seconda

I. Presa di coscienza di un cristiano oggi 63
II. Luci per il cammino 97

Parte terza

I. Dio e l'esistenza 103
II. Fede in Dio è fede in Cristo 127
III. «Solo lo stupore conosce» 151

Indice dei riferimenti biblici 155
Indice dei nomi e dei luoghi 158
Indice tematico 160

Nota di lettura

I testi raccolti nel presente volume nascono con una destinazione precisa: gli amici di Comunione e Liberazione, ai quali don Giussani, in occasione di Esercizi spirituali tenuti a Rimini nel '97 e nel '98 e di un raduno di responsabili internazionali (La Thuile '97), ha voluto comunicare il contenuto di coscienza maturato in questi ultimi anni. La novità della prospettiva aperta, l'originale analisi della religiosità moderna, la chiarezza e attualità della proposta avanzata, ne fanno tuttavia un testo per tutti coloro che, liberi da pregiudizi, intendano confrontarsi con l'esperienza cristiana oggi nel mondo. Il lettore troverà in queste pagine un giudizio sul mondo e sulla Chiesa nato da un appassionato sguardo di fede, e un invito al cambiamento di sé, della propria mentalità e del proprio agire.

L'Autore ha voluto conservare l'originaria forma orale dei capitoli.

Introduzione

«Dieu seul est grand, mes frères»: Dio solo è grande, fratelli miei. Così il celebre oratore Jean-Baptiste Massillon iniziava, nella Cattedrale di Nôtre Dame, il discorso funebre per il Re Sole.

La morte di Luigi XIV di Francia è un segnale dell'epoca in cui la ragione pretese di occupare tutto lo spazio dell'intervento di Dio sull'uomo, in ogni senso. Per cui la Chiesa, fonte ultima di luce sull'esperienza dell'uomo, si arroccava a livello pastorale per difendere la moralità del popolo, dando per scontata l'evidenza – per un credente – del contenuto dogmatico. Fu perciò favorita una mancanza di difesa e di alimento della fede del popolo di Dio, in quanto è attraverso l'attività culturale che la vita di un popolo si approfondisce e diventa storicamente generativa, pro o contro la tradizione cristiana che ha costruito la civiltà occidentale.

Noi, ora, è come se fossimo investiti dalle estreme conseguenze della ribellione razionalista al Dio vivente rivelatosi all'uomo. «Il Dio vivente»: è chiamato così da Gesù, perché è il Dio che si è rivelato all'uomo, il Dio esistente nella storia.

Per questo dobbiamo domandare al Padre nostro che è nei cieli di approfondire la coscienza della nostra fede: «Chi sei Tu, Signore, per me, per noi, per tutto il mondo degli uomini?». È un passo in cui speriamo nel

Suo aiuto per vincere l'aridità del cuore, che è così favorita dalla mentalità comune.

Il tentativo di riflessione sarà da me proposto secondo la preoccupazione dei miei pensieri di questi tempi intorno a due temi.

Il primo è definito da questo interrogativo: che cos'è Dio per l'uomo? «Dio è tutto in tutto», dice san Paolo (1 Cor 15, 28). Chi di noi vive una consapevolezza continuamente ravvivata che «Dio è tutto in tutto»? Cosa vuol dire?

E, secondo tema: come facciamo a conoscerlo così? Gesù disse: «Nessuno conosce il Padre se non il Figlio» (Lc 10, 22). Allora capisco come mai nella Lettera ai Colossesi, al terzo capitolo, versetto 11, ancora san Paolo dica: «Cristo è tutto in tutti».

Parte prima

I. «Dio tutto in tutto»

1. Una nuova partenza: l'ontologia

Il tema di questa prima riflessione è il motto di san Paolo: «Dio è tutto in tutto»[1]. Milosz in *Miguel Mañara* farebbe dire all'abate: «Egli solo è»[2].

«Noi non abbiamo qui una città permanente»[3], dice la Lettera agli Ebrei. Questa esistenza in me o nella società umana, così come appare, piena di pretese nello sviluppo di vita prodotto dall'uomo nella sua convivenza drammatica e nelle forme del suo essere sociale, non è permanente: è un'esistenza passeggera, effimera.

«Se guardo il tuo cielo, opera delle tue dita, la luna e le stelle che tu hai fissate, che cos'è l'uomo perché te ne ricordi, il figlio dell'uomo perché te ne curi?»[4], dice il Salmo 8. Eppure noi siamo quel livello vertiginoso della natura in cui la natura vive nella coscienza di se stessa; la realtà, come appare nella sua cosmicità, ha come paradossale luogo, che tutta la contiene nella sua possibilità di coscienza, un punto inafferrabile e in cui pur tutto si riflette: l'io.

[1] 1 Cor 15, 28.
[2] Cfr. O.V. Milosz, *Miguel Mañara*, Jaca Book, Milano 1998, 49 e 63.
[3] Eb 13, 14.
[4] Sal 8, 4-5.

La frase di san Paolo richiama una formula simile nel Siracide: «Ricorderò ora le opere del Signore e descriverò quanto ho visto. Con le parole del Signore sono state create le Sue opere. [...] Ha ordinato le meraviglie della Sua sapienza, poiché Egli è da sempre e per sempre Dio. Nulla può essergli aggiunto e nulla tolto. [...] Quanto sono amabili le Sue opere! E appena una scintilla se ne può osservare [...]. Potremmo dire molte cose e mai finiremmo; ma, per concludere: "Egli è tutto"»[5].

Davanti a questo Signore, l'io umano ha sete di Lui. L'io umano ha sete di questo Dio, cioè – come dice Gesù – «ha sete di vita eterna». Senza tale sete tutto sarebbe opaco, oscuro, o indigeribile nullità: quanto più uno è uomo, quanto più l'io è cosciente, impulsivamente amante, tanto più avverte che senza l'Infinito tutto sarebbe soffocante e intollerabile. L'io ha sete di eternità, l'io è rapporto con l'Infinito, cioè con una realtà al di là di ogni limite. Egli solo è: Dio, tutto in tutto.

«Dio è tutto». Egli è tutto proprio per questa sete che definisce il fenomeno umano. Dio è l'Essere. Ora, che significa che Dio è l'Essere? Significa che è tutto in tutto. Tutto è. Se Dio è l'Essere, perché è tutto in tutto, tutto ciò che è, è fatto da Dio.

2. Due tentazioni: nichilismo e panteismo

Ma se Dio è tutto, io cosa sono? Tu chi sei? La persona a cui voglio bene cos'è? La patria cos'è? I soldi cosa sono? Mari e montagne, fiori e stelle, terra e firmamento cosa sono?

[5] Sir 42, 15.21-22; 43, 27.

La risposta non è la soluzione di preoccupazioni etiche, è la scoperta di una ontologia: l'ontologia della realtà. Ma la realtà nel suo essere, la realtà come appare nella esperienza, cioè come appare alla ragione dell'uomo, come fa ad esserci e di che cosa è fatta? La realtà come appare all'uomo è fatta da Dio, «di» Dio. L'Essere dal niente crea, cioè partecipa sé. È la percezione della contingenza della realtà, del fatto cioè che *la realtà non si fa da sé.*

Dalla percezione vertiginosa dell'apparenza effimera delle cose, si sviluppa come cedimento e negazione menzognera la tentazione di pensare che le cose siano illusione e nulla. Se Dio è tutto, vuol dire che le cose che hai, le persone con cui vivi, o sono niente (nichilismo) oppure sono parte indistinta – anche tu allora sei parte indistinta – dell'Essere, parti di Dio (panteismo). Dunque, o nichilismo o panteismo. Queste posizioni sono, oggi, la risposta ultima in cui tutti cedono e che tutti ci abbraccia in mancanza di un appoggio solido e chiaro.

Il nichilismo è la conseguenza inevitabile innanzitutto di una presunzione antropocentrica, per la quale l'uomo sarebbe capace di salvarsi da se stesso. È tanto non vero questo, che tutti coloro che vivono difendendo tale posizione, alla fine, anche apertamente, si sentono dissolti in un dualismo, del quale cercano di fugare l'amarezza in immaginazioni mutuate dal mondo orientale o da certi ambiti in vario modo spiritualistici del mondo occidentale che realizzano sempre, in fondo, un ideale panteista (come, per esempio, la New Age degli Stati Uniti).

Un ideale che si ritrova anche in Thomas Mann, nel suo *I Buddenbrook*, quando descrive l'ultimo uomo capace di difendere l'enorme, colta ricchezza dei

Buddenbrook – drammatica storia, che in lui diventa tragica. Nella giornata zeppa di lavoro, affaticatissimo per poter tenere in piedi tutta l'eredità avuta dal padre e dal nonno, egli può concedersi solo dieci minuti, un quarto d'ora di riposo. Abbandonato sulla poltrona prende sollievo – dice Thomas Mann – sempre pensando a quell'ultimo momento in cui la sua goccia verrà riassorbita dal «grande mare dell'essere», scomparendo così come goccia, come individualità, immergendosi nella pacificante omologazione universale.

Queste due teorie e posizioni (nichilismo e panteismo) dettano tutti i comportamenti di oggi; sono le uniche spiegazioni (anche pratiche, anzi, soprattutto pratiche) date dalla mentalità comune generale che investe e ingombra la testa e il cuore di tutti, anche di noi cristiani, anche di molti teologi. L'una e l'altra, con tutte le loro conseguenze, hanno un gioco comune, un punto di ritrovo comune: la fiducia nel potere e l'agognare il potere comunque concepito, in qualunque versione.

Comunque concepito, in qualunque versione, il potere è tendenzialmente dittatoriale; esso è affermato come unica sorgente e forma di ordine, pur effimero, ma possibile. Il minimo ordine, qualunque esigenza di ordine, in una data situazione sociale, non può avere come unica sorgente certa che il potere. È, in fondo, anche la concezione di Lutero, la quale porta allo Stato assoluto: siccome tutti gli uomini sono cattivi, è meglio che ci sia uno solo che comanda, o pochi che comandano. Si potrebbe dire che Lenin, Hitler e Mussolini sono identici, da questo punto di vista; ma questi, attraverso una mediazione calvinista puritana, sono identici anche agli stati democratici, americani o no, e – salvo che nella forma – sono identici alla Russia di Eltsin o, magari, si potrebbe dire, ai governi italiani di oggi. In questa cultura, lo Stato non si può mettere in atto che come totalitarismo culturale, se non è attaccato nel cuore da qualcosa di più cristiano delle idee e delle pratiche in cui pone tutta la sua saggezza.

Ma come si passa dal nichilismo e dal panteismo ad avere come obiettivo il potere? Se l'uomo, riducendosi ultimamente a niente, a una menzogna, è una finta, si sente una finta, un'apparenza di essere; se il suo io nasce totalmente come parte del grande divenire, come semplice esito dei suoi antecedenti fisici e biologici, egli non ha alcuna consistenza originale: l'unico criterio che può avere allora è quello di adattarsi, così come viene, all'urto meccanico delle circostanze, e più in esse egli ha potere, più la consistenza sua, che è apparenza, aumenta, sembra aumentare, e perciò aumenta l'illusione, anzi, la menzogna.

3. L'esistenza dell'io

Ma sia panteismo che nichilismo distruggono quello che è più inesorabilmente grande nell'uomo; distruggono l'uomo come persona, il cui più piccolo pensiero, dice Pascal, vale più di tutto l'universo, perché appartiene a una realtà infinitamente superiore: «Tutti i corpi, il firmamento, le stelle, la terra e i suoi reami non valgono il minimo tra gli spiriti; perché questo conosce tutto ciò, e se stesso; e i corpi, nulla. Tutti i corpi insieme, e tutti gli spiriti insieme, e tutte le loro produzioni non valgono il minimo moto di carità. Questo è di un ordine infinitamente più elevato. Da tutti i corpi presi insieme non si potrebbe far scaturire un piccolo pensiero:

è impossibile, è di un altro ordine. Da tutti i corpi e da tutti gli spiriti, non sarebbe possibile trarre un sol moto di vera carità: ciò è impossibile, è di un altro ordine, soprannaturale»[6].

L'io è quel livello della realtà in cui il reale vibra come esigenza di rapporto con l'Infinito. Si chiama «anima», nel vocabolario tradizionale, o «spirito» l'esigenza di un rapporto totalizzante che trascenda la precarietà di tutti i rapporti possibili. Nichilismo e panteismo distruggono questo «io» che definisce la dignità dell'uomo, lo degradano all'aspetto della animalità; e la legge di ogni gesto e di ogni azione è ridotta a istintività: «Gli empi sono simili a un leone che brama la preda, a un leoncello che si apposta in agguato»[7].

Anche il potere, come dimostrazione più dignitosa della capacità maggiore che l'uomo ha sopra tutte le altre creature, si realizza come possesso, ottenuto secondo una istintività più scaltrita di quella del leone e della tigre, ma identica come dinamica: orgoglio, violenza, sesso (o «usura, lussuria, potere»[8], come nei *Cori da «La Rocca»* dice Eliot).

La risposta alla domanda fatta («Se Dio è tutto, io che cosa sono?»), il problema cioè dell'essere dell'uomo, come si risolve? Non è solo un problema filosofico, è innanzitutto un problema di coscienza di sé, cioè un problema dell'io, della persona: è in gioco che cosa essa è, ed è in gioco in ogni gesto umano, in ogni esperienza, nella quale il reale emerge alla ragione. Ma se l'uomo brucia il contenuto dell'esperienza

[6] B. PASCAL, *Pensieri*, 793.
[7] Cfr. Sal 17, 12.
[8] T.S. ELIOT, *Cori da «La Rocca»*, Rizzoli Bur, Milano 1994, 101.

dicendo o che non è niente o che è parte indistinta dell'essere totale, allora non c'è niente al di fuori di lui, egli è l'unico padrone di se stesso. Se però non ha il potere, se non è lui il padrone, è schiavo del potere altrui, chiunque l'abbia: così il figlio può essere schiavo del padre e della madre, la donna dell'uomo, il cittadino dello Stato, della Regione, della Provincia o del Comune, e più si appartiene a una società piccola, ristretta, più si dipende da chi ha il potere in essa.

Torniamo dunque alla domanda: «Se Egli è tutto, io che cosa sono?». Cioè, se l'Essere è Dio, che «io sono» cosa vuol dire? Che «tu sei» cosa vuol dire? È a partire dalla evidente difficoltà che questa domanda lascia come suo risultato immediato che nichilismo e panteismo sembrano risposta a una ragione non opportunamente coscienziata: nichilismo, panteismo e, ultimamente, il potere. Qualsiasi rapporto diventa potere, violenza, anche il rapporto più tenero possibile ha un filo duro dentro. Eccetto che nei bambini, forse; nei grandi, comunque, tutti.

Per cominciare a tentare la risposta giusta, vediamo che cosa nella Bibbia Dio dice a Mosè: «Tu dirai loro: questo è il nome mio. "Io sono, come Colui che è, io sono"»[9]. «Egli solo è» (Milosz in *Miguel Mañara* aveva, dunque, colto giusto), e questo identifica Dio come Mistero. Ma, accanto a ciò, «io ci sono», e questo resta l'unico vero mistero per la ragione; senza questo mistero, la ragione non ragiona, perché la ragione è coscienza della realtà secondo la totalità dei suoi fattori. Quindi, nichilismo e panteismo sono una riduzione, sono negazioni della ragione, sono semplificazioni ridut-

[9] Cfr. Es 3, 14.

tive, contraddittorie alla ragione e cedono alla immagine quantitativa delle cose: l'immagine quantitativa dell'essere che ci deriva dalla quotidiana esperienza, dalla vita mortale.

L'unico vero mistero dunque è: come mai ci sono io? come io consisto? come consiste la cosa che c'è davanti a me? come consiste il sasso e come consiste il mare? Questa domanda identifica il livello ontologico – non etico – della questione. Invece il razionalismo nichilista o panteista ha esasperato l'incidenza etica del problema, riducendo tutto all'affermazione dell'uomo; e l'affermazione dell'uomo è una *hybris*, è una violenza di fronte a sé e al mistero del mondo. Anche la Chiesa, attaccata dal razionalismo, ha sottolineato al popolo e nella sua teologia l'etica, dando come presupposta l'ontologia, quasi obliterandone la forza originante.

Detto tutto questo, ragionevolmente non si può non tener conto che per la ragione il Mistero deve essere, per così dire, «ridotto» il più possibile. Fino a che punto, dunque, la ragione può arrivare, e dove il Mistero è inattaccabile? Dove la ragione è costretta a riconoscere l'esistenza di un'ultima realtà che non può penetrare? Che cosa nell'uomo può essere concepito in qualche modo – anche se paradossalmente – come «sottratto» alla dipendenza da Dio che lo crea? Dove il suo essere si «sottrae» alla inevitabilità di essere partecipe (non «parte») dell'Essere? Dove l'io può concepirsi indipendente dall'Essere da cui deriva? Dove? Nella *libertà*! Tutto il resto è «attaccabile» dalla ragione, comprensibile dalla ragione. Perché che il capello non si fa da sé è evidente alla ragione, che il fiore non si fa da sé, che io non mi faccio da me è evidente alla ragione. Ma come agisce il Mistero che fa il fiore? Come mi fa?

Più radicalmente ancora, come fa il Mistero a creare qualcosa che non si identifichi con Se stesso? Questo è il vero mistero!

Tutto è, quindi, comprensibile, salvo una cosa che resta ancora fuori, che per la ragione è fuori da Dio: la libertà. La libertà è l'unica cosa che appare alla ragione come fuori da Dio. All'Essere come tale non si può aggiungere né togliere niente: la libertà però sembra sottrarre qualcosa al mistero dell'Essere, a Dio.

Ma la libertà cos'è? Partiamo dall'esperienza, come siamo soliti fare. La libertà è la soddisfazione di un desiderio. Il fenomeno che mi fa dire: «Sono libero» è soddisfazione. Il fenomeno che definisce la libertà è, dunque, la soddisfazione totale di me, la risposta alla mia sete. La libertà è esigenza di soddisfazione totale. Per questo è adeguazione all'Essere, cioè adesione all'Essere. Se l'Essere, Dio, è tutto, la libertà è riconoscere che Dio è tutto. Il Mistero ha voluto essere riconosciuto dalla nostra libertà, ha voluto generare il proprio riconoscimento.

Ma in Dio stesso il riconoscimento è dato dal Figlio, da quello che ci è stato dettato come Verbo. Per Gesù Cristo Dio è Padre, e per il Padre Gesù Cristo è Figlio, partecipe perciò del Verbo, come dice la teologia sulla Santissima Trinità. È nella sua persona, nel suo comportamento verso il Padre, che si rivela il Mistero come Trinità. Accettare l'amore crea reciprocità, genera reciprocità. Questo, nel Mistero, è natura. La natura dell'Essere si è rivelata in Gesù di Nazareth come amore in amicizia, cioè come amore riconosciuto. Così lo specchio del Padre è il Figlio, il Verbo infinito, e nell'infinita misteriosa perfezione di questo riconoscimento, in cui vibra per noi l'infinita misteriosa bellezza dell'Origine dell'essere, del Padre (*Splendor*

Patris), procede la potenza creatrice misteriosa dello Spirito Santo.

Ora, l'io, l'io umano, fatto a immagine e somiglianza di Dio, riflette originalmente il mistero dell'Essere uno e trino proprio nel dinamismo della libertà, la cui legge sarà quindi l'amore, e il dinamismo in cui si gioca questo amore non potrà essere che amicizia.

Rimane però un punto che per la mia ragione è mistero: come mai Dio ha desiderato l'essere partecipato, e come quest'ultimo non confina, non stringe dentro il suo confine l'Essere, non ruba all'Essere niente?

Questo è il punto centrale del Mistero: come l'essere partecipato non rubi all'Essere niente.

4. Domandare di essere

In quanto libertà, la natura dell'essere partecipato si esprime – usiamo subito la grande parola – come *preghiera.*

Se la libertà è riconoscimento dell'Essere come Mistero, il rapporto dell'essere partecipato con Dio è solo la preghiera. Tutto il resto è Dio che lo fa.

È nella preghiera che il Mistero ancora persiste, resiste come spiegazione ultima; è nella preghiera e nella domanda, perché la preghiera è domanda, «domanda di essere». Dio vuole che ci sia uno che domandi di essere, che dica così tanto, così sinceramente che Egli è tutto, da domandargli ciò che già gli ha dato: di partecipare all'Essere.

Se l'essere creato è l'essere partecipato, la libertà pone la preghiera come unica manifestazione di questo essere: tutto quello che fa l'essere partecipato è, in sé, preghiera, cioè domanda. Anche in ciò che capisce e sente, l'io ragionevole adora il Mistero, si trova di fronte al Mistero. Non «di fronte», ma «dentro» il Mistero. Se è preghiera e domanda, è dentro il Mistero anche la libertà.

Domandare, dunque, che cosa? Domandare di essere, domandare l'Essere, il Mistero. La natura dell'essere partecipato si esprime come preghiera, che esistenzialmente è domanda, domanda di essere. Ma cosa può domandare? Di far diventare totale in sé l'essere, in tutto quello che fa. Nella esistenza, cioè nella quantità di essere che gli è comunicato, di cui è costituito, in tutto quello che fa (perché l'essere dell'io si realizza nell'azione: «Sia che mangiate sia che beviate, sia che dormiate sia che vegliate, sia che si viva sia che si muoia»[10]), l'essere partecipato riconosce che Dio è tutto, che tutto è fatto da Dio. *Omnis creatura Dei bona*: ogni cosa è bene[11]. Tutto è Dio. Dio è tutto.

Dal punto di vista positivo, «Dio è tutto», e la libertà è riconoscere che Dio è tutto; dal punto di vista passivo, per così dire, da parte del nulla, «tutto è Dio». Questa è la morale cristiana. La morale cristiana coincide con questo riconoscimento che veramente s'attesta sul punto dove il Mistero diventa più mistero, inattaccabile perfino dall'immagine, dalla fantasia dell'uomo.

5. *La scelta dell'estraneità*

Il contrario del vero, del giusto e del buono è il peccato.

[10] Cfr. 1 Cor 10, 31; 1 Ts 5, 10.
[11] 1 Tm 4, 4.

Esso, in ogni azione e in ogni rapporto, a qualunque livello si collochi e qualunque esso sia, è non riconoscere che Dio è tutto, come scopo e come metodo. Nel rapporto il peccato è non vivere tutto come affermazione di Dio. Il peccato è non riconoscere Dio come origine totale, da cui derivano scopo e metodo di ogni azione. «Egli solo è». Allora niente è nostro.

Se questo diventa obiezione, è per un veleno messo dal «padre della menzogna»: e questa obiezione è idolatria di se stessi.

Nella Bibbia infatti idolatria è sinonimo ultimo di peccato. Il «padre della menzogna» (come dirà Gesù del diavolo) agisce per diffondere la possibilità razionale dell'idolatria.

Noi possiamo solo dire: il peccato è qualsiasi azione nella quale diventi obiezione poter dire «Dio è tutto», è qualunque aspetto dell'azione che possa non essere coerente con «Dio è tutto».

Così l'uomo o cerca di sottrarsi, di nascondersi di fronte alla presenza dell'Essere (come i primi due all'inizio, Adamo ed Eva) o, all'ultimo, si abbandona alla disperazione: «Diranno ai monti: "Copriteci" e ai colli: "Cadete su di noi"»[12], nell'ultimo dei giorni.

Invece della familiarità di Dio che passeggia con Adamo ed Eva alla brezza della sera, si ha la *scelta dell'estraneità*. Invece di camminare con Lui, Adamo ed Eva hanno seguito un estraneo, qualcosa di estraneo alla loro stessa esperienza, l'estraneo, il padre della menzogna, Satana, la cui unica definizione è di «essere contro». La libertà sua si esistenzializza come l'«essere contro»: non la dimostrazione che Dio non è tutto, ma l'essere contro alla evidenza che Dio è tutto. Questa è la

[12] Os 10, 8.

sua natura, come la natura di ogni peccato. Contro l'evidenza, contro ciò che l'esperienza fa vedere, Satana, come la tentazione, fa apparire l'Essere come sorgente di menzogna e di male, come una visione illusoria. Così il padre della menzogna dimostra la sua menzogna. Perciò emerge nell'esperienza umana come qualcosa contro la verità e il bene dell'uomo: come un *estraneo*, perché Adamo ed Eva non sapevano che quello fosse il diavolo, sotto le spoglie di un serpente era un estraneo, estraneo alla loro esperienza.

L'uomo, ribellandosi, aderisce a una realtà estranea al suo essere, aderisce al «mondo», come dice Gesù, cioè alla somma del potere, che ha una forma normale (come il serpente di Adamo ed Eva ha quella di un animale), ma dentro non è quello che dice di essere, non è quello che mostra di essere, dentro «non è». Anche Satana è un essere partecipato da Dio, e perciò è di Dio; è proprio la non accettazione, il non riconoscimento di questo, che rende infelice lui e, quindi, l'uomo peccatore.

Ciò spiega, da una parte, perché chi cammina nel senso di una morale concepita come riconoscimento che Dio è tutto è lieto; troviamo perfino letizia e, comunque, pace anche nelle situazioni più tristi. Dall'altra parte, chi segue, chi cede al padre della menzogna, al diavolo, il quale non riconosce che Dio è tutto pur essendone fatto, chi cede a un estraneo è vittima, schiavo e vittima, di un principio che lo odia, che non lo ama, e che è il mondo: diventa schiavo del mondo, e quanto più fa carriera, tanto più questa schiavitù diventa patente. «Guardate quanti padroni hanno quelli che non vogliono avere l'unico Signore»[13], diceva sant'Ambrogio.

[13] *Quam multos dominos habet qui unum refugerit* (SANT'AMBROGIO, *Epistulae extra collectionem traditae*, 14, 96).

II. «Cristo tutto in tutti»

1. Natura e destino dell'uomo

«Cristo è tutto in tutti»[14]. Questa frase di san Paolo merita la citazione che ne fa san Massimo il Confessore nella sua *Mistagogia.* «Cristo – dice – è [...] tutto in tutti, Egli che tutto racchiude in sé, secondo la potenza unica, infinita e sapientissima della sua bontà – come un centro in cui convergono [tutte] le linee – affinché le creature del Dio unico non restino estranee e nemiche le une con le altre, ma abbiano un luogo comune dove manifestare la loro amicizia e la loro pace»[15]. È la sintesi delle radici di tutto quello che pensiamo e sentiamo nella nostra convinzione di fede.

Innanzitutto, la frase di san Paolo. Se «Dio è tutto in tutto», che cosa vuol dire «Cristo è tutto in tutti»? La teologia tenta spesso di identificare queste due affermazioni sostituendo nella prima «tutto» con «tutti». Ma la Prima Lettera ai Corinti (15, 28) dice: «E quando tutto gli sarà stato sottomesso, anche Lui, il Figlio, sarà sottomesso a Colui che gli ha sottomesso ogni cosa, perché Dio sia tutto in tutto (*hína ê(i) ho theós pánta en pâsin*)»[16].

[14] Col 3, 11.
[15] San Massimo il Confessore, *Mistagogia*, I.
[16] 1 Cor 15, 28.

Il greco *en pâsin* è sia maschile sia neutro. In questo caso, però, visto il contesto della formulazione di san Paolo, il termine non può essere tradotto che col neutro: «Tutto gli sarà stato sottomesso [...] gli ha sottomesso ogni cosa, affinché Dio sia tutto (*pánta*) in tutto (*en pâsin*)». «Dio tutto in tutto» è la versione non solo possibile, ma necessaria, visto il contesto ultimo e più totale della formulazione.

Nella Lettera ai Colossesi (3, 11) compare l'altra formulazione: «Non c'è più né greco, né giudeo, circoncisione o incirconcisione, barbaro o sciita, schiavo o libero, ma Cristo che è tutto in tutti» (*allá tá pánta kái en pâsin Christós*). Qui *en pâsin* è maschile plurale; il contesto lo sottolinea e lo motiva e, dunque, la traduzione giusta è «tutto in tutti».

La differenza ha un significato essenziale.

Innanzitutto, «Cristo tutto in tutti» è, nel suo valore ontologico, il nesso tra il mistero della persona di Cristo e la natura e il destino della persona di ogni uomo: questo è il valore reale, ontologico, di «Cristo tutto in tutti». Perciò Gesù, nell'ultimo discorso prima della sua morte, nel Cenacolo, rivolgendosi al Padre, dice: «Mi hai dato potere sopra ogni essere umano [letteralmente: "ogni carne"] perché io dia la vita eterna a tutti coloro che tu mi hai dato»[17].

Ma, in secondo luogo, «Cristo tutto in tutti» sta a significare che Cristo, non solo ontologicamente, ma anche per l'autocoscienza dell'uomo, è la fonte originaria, l'esempio ultimo e adeguato perché l'uomo concepisca e viva il suo rapporto con Dio (creatore) e con l'altro uomo (creatura), il suo rapporto con il cosmo, con la società e con la storia.

[17] Cfr. Gv 17, 2.

2. Imitare Cristo

Perché il rapporto con Dio è rapporto con Gesù? Perché Gesù è lo svelarsi, il rivelarsi di Dio come Mistero, della Trinità come Mistero. Perciò la «morale» per l'uomo è l'imitazione del comportamento di Gesù Cristo, dell'uomo Gesù, di Gesù uomo-Dio, uomo in cui Dio è.

Egli è per tutti il Maestro (*Magister adest*: «Il Maestro è qui»[18]. «Non vogliate chiamarvi maestri: uno solo è il vostro Maestro»[19]), il Maestro da scoprire, da ascoltare e da seguire: «Beati quelli che ascoltano il Verbo di Dio e lo rendono pratico nella loro vita»[20]. L'imitazione di Cristo è la conoscenza del vero, la pratica del vero per tutti gli uomini.

Gesù Cristo prosegue nella storia, in tutti i tempi, dentro il mistero della Chiesa, Corpo suo, formato da tutti coloro che il Padre gli ha dato nelle mani, come dice Egli stesso, e che Egli, con la forza del suo Spirito, ha nel Battesimo immedesimato a sé come membra del suo Corpo. Il magistero di Cristo è – perciò coincide con – quello della Chiesa, perché da essa è autenticamente letto e sentito.

Qui vorrei fare una osservazione. Quello che abbiamo detto prima sul potere vale come aspetto vertiginoso per l'autorità come potrebbe essere vissuta nella Chiesa. Se essa non è paterna, e quindi materna, può diventare sorgente di equivoco supremo, strumento subdolo e distruttivo in mano alla menzogna, a Satana, padre della menzogna[21]. Mentre sempre, in modo scon-

[18] Gv 11, 28.
[19] Cfr. Mt 23, 8.10.
[20] Cfr. Lc 11, 28.
[21] Cfr. Gv 8, 44.

volgente, l'autorità della Chiesa è ultimamente da obbedire, paradossalmente.

Dal punto di vista istituzionale, lo è in quanto quello che dice è strumento e veicolo della Tradizione, in quanto cioè è formalmente ortodossa nella fede e ligia nella prassi all'autorità del Papa. Perciò, dal punto di vista istituzionale, l'autorità è la forma contingente che la presenza di Gesù Risorto utilizza come espressione operante della sua amicizia con l'uomo, con me, con te, con ognuno di noi. Questo è l'aspetto più impressionante del mistero della Chiesa, che più colpisce l'amor proprio dell'uomo, la ragione stessa dell'uomo.

Il significato dell'imitazione di Cristo, dell'imitare Cristo, è per tutti gli uomini, ma inizialmente e innanzitutto per gli uomini battezzati, per i fedeli, indicato autenticamente dalla Chiesa. La Chiesa è, dunque, la sorgente con cui si paragona tutta la morale, il definirsi della moralità della vita come coscienza del dovere e tensione all'attuazione di esso, alla luce della coscienza di Cristo, unico maestro dell'umanità (*Unus est enim Magister vester*[22]). Nel Battesimo, gesto fondamentale per cui, nella vita della Chiesa, un uomo è reso immanente al mistero di Cristo, nasce la «nuova creatura»[23]. Questa è l'ontologia nuova, l'essere nuovo, la partecipazione nuova, inimmaginabile, all'Essere, all'Essere come Mistero. Da qui proviene la morale nuova.

Ma come è possibile imitare Cristo, l'uomo Gesù di Nazareth, nella infinita differenza della misteriosa

[22] Mt 23, 8.
[23] Gal 6, 15; cfr. anche 2 Cor 5, 17; Ef 4, 23; Col 3, 9.10; Gc 1, 18; 1 Pt 1, 23.

identità di ogni uomo che crede in Lui? Che misteriosa identità vive in ogni uomo che crede in Lui!

Gesù è l'uomo che lo Spirito di Dio ha fatto nascere – come ogni uomo – da una donna, vivere e morire come figlio di una madre; il suo io, la sua personalità si è identificata con la natura stessa del Mistero, così che quello che del Mistero si è potuto conoscere e si può conoscere è stato immediatamente rivelato da Lui.

Così abbiamo conosciuto che l'uomo Gesù è immanente al Verbo di Dio, Figlio del Padre. Per cui l'imitazione di Cristo è possibile se l'uomo riconosce se stesso come *figlio* adottivo di Dio come Padre, misteriosamente partecipe della natura di Dio, scelto da Gesù, uomo-Dio, a essere parte di Lui nel mistero battesimale, fatto membro del suo Corpo.

Per tutto questo la Chiesa utilizza la definizione «figlio adottivo», è destata dallo Spirito di Gesù a dire *adottiva* la nostra figliolanza. «Quando venne la pienezza del tempo, Dio mandò il Suo Figlio, nato da donna, nato sotto la legge, perché ricevessimo l'adozione a figli. E che voi siete figli ne è prova il fatto che Dio ha mandato nei vostri cuori lo Spirito del Suo Figlio che grida "Abbà, padre". Quindi non sei più schiavo, ma figlio, e, se figlio, anche sei erede per volontà di Dio, coerede di Cristo»[24]. Per questo l'Apocalisse nel suo finale dice: «Chi sarà vittorioso [chi seguirà Cristo nella croce, in quella croce che lo porta fino alla Resurrezione e fino alla signoria su tutto il mondo] erediterà questi beni; io sarò il suo Dio, ed egli sarà mio figlio»[25]. Qui

[24] Gal 4, 4-7; cfr. anche Rm 8, 14-17.19-23; Gal 3, 26.
[25] Ap 21, 7.

parla dell'uomo, dell'uomo chiamato e fedele alla chiamata[26].

Ma se la morale per l'uomo è imitare Cristo, domandiamoci ora: qual è il comportamento di Cristo verso Dio, verso l'uomo come prossimo, cioè verso l'altro creato dal Padre, verso la società e quindi verso la storia, la storia intera dell'umanità?

3. Dio è Padre

Innanzitutto, il comportamento di Gesù, dell'uomo-Dio verso Dio, è tutto segnato dal riconoscimento che Dio, il Mistero, è *paternità*. Nella coscienza di Gesù vive la totalità della invadenza del Padre, del «Dio che è tutto in tutto». «In verità, in verità vi dico, il Figlio da sé non può fare nulla se non ciò che vede fare dal Padre; quello che Egli fa anche il Figlio lo fa. Il Padre, infatti, ama il Figlio, gli manifesta tutto quello che fa e gli manifesterà opere ancora più grandi di queste, e voi ne resterete meravigliati»[27].

Gesù introduce l'uomo nel riconoscimento di questa paternità, della familiarità suprema col Mistero che lo costituisce, che fa tutte le cose. «Pregando, poi – dice Gesù – non sprecate parole come i pagani, i quali credono di venire ascoltati a forza di parole. Non siate, dunque, come loro, perché il Padre vostro sa di quali cose avete bisogno ancor prima che gliele chiediate. Voi, dunque, pregate così: "Padre nostro

[26] Cfr. Ef 1, 5; Eb 2, 10; 12, 5-8.
[27] Gv 5, 19; cfr. anche Lc 2, 49.

che sei nei cieli" [cioè nel profondo radicale generativo delle cose]»[28].

«"Io sono – dirà Gesù di sé – la via, la verità e la vita. Nessuno viene al Padre se non per mezzo di me. Se conoscete me, conoscerete anche il Padre. Fin da ora lo conoscete e lo avete veduto". Gli disse Filippo: "Signore, mostraci il Padre e ci basta". Gli rispose Gesù: "Da tanto tempo sono con voi e tu non mi hai conosciuto, Filippo? Chi ha visto me, ha visto il Padre"»[29].

Il Signore unico, il Mistero che fa tutte le cose e tutto il tempo in cui le cose esistono, sussistono, diviene a noi familiare attraverso Gesù (uomo da Lui scelto e fatto parte, cioè partecipe immediatamente della sua natura divina, della natura del Mistero stesso). In questo uomo noi vediamo definirsi quello che, umanamente parlando, sarebbe presunzione definire (potrebbe essere espressione di un culmine di desiderio, del desiderio originale della propria coscienza, ma quanto incerto, quanto raro e incerto e pieno di errore, di motivo o di modulo errabondo del pensiero dell'uomo!): Dio è Padre, il Mistero è paterno. Che cosa c'è di più familiare di questa positività radicale, di questo bene di cui come esperienza umana il padre è fonte?

4. Il comportamento di Gesù verso il Padre

Qual è, dunque, il comportamento di Gesù verso il Padre? Se Egli ci rivela innanzitutto che Dio è Padre,

[28] Mt 6, 7 ss.
[29] Gv 14, 6-9.

il Mistero è Padre, come si svolge il suo comportamento verso di Lui?

a) Di questo Padre, di questo Mistero come Padre, Gesù sottolinea la potenza creativa: è il comportamento verso un padre che è il *Creatore*. Di un'esistenza umana che è cammino a una perfezione Egli è creatore, di una vita umana che è debolezza, fragilità, incoerenza e vertigine, di tutto questo, anche di tutto questo, anche della sua creatura che versa in queste condizioni, Egli è il Redentore, redime.

Cristo si rivolge al Padre in quanto creatore.

Egli è il primo uomo con la coscienza adeguata e perfetta che tutto il suo contenuto d'uomo è presenza del Padre. Meditando alcuni dei capitoli del Vangelo di san Giovanni (come il quinto, il sesto, il settimo e l'ottavo) si rinviene nelle parole del Cristo un pensiero dominante: Lui fa quello che il Padre vuole, Lui vede il Padre, Lui non fa niente altro che quello che vede fare al Padre. Quando guardava il passero cadere, quando osservava i gigli del campo, le messi, i capelli dell'uomo, che cosa gli dava la certezza di trarre da tutto spunto per raggiungere il significato del mondo, il senso della sua vita? Ciò che faceva fiorire tale certezza era il suo rapporto col Padre, la compagnia del Padre[30].

Per noi imitare Gesù è, dunque, vivere innanzitutto la religiosità di ogni gesto. Questa prima flessione, questo primo articolo della morale per noi è chiaro: vivere la religiosità in ogni gesto. San Paolo lo dice più volte: «Sia che vegliamo sia che dormiamo, sia che viviamo

[30] Cfr. L. GIUSSANI, *Alla ricerca del volto umano*, Rizzoli, Milano 1995, 59 e 79.

sia che moriamo, viviamo insieme con Lui»[31]; «Sia che mangiate, sia che beviate, sia che facciate qualsiasi altra cosa, fate tutto per la gloria di Dio»[32], o per la gloria di Cristo, perché Dio si comunica a noi nella parola di Gesù, nella persona di Gesù.

La legge dinamica dell'esistenza è per Cristo l'obbedienza (vivere tutto per le ragioni di un Altro); per noi essa trova la sua espressione massima nell'offerta. L'offerta è riconoscimento che come Dio, così Cristo è la *substantia* di tutta la vita, vale a dire, è la consistenza e il senso, cioè il valore, del rapporto tra l'uomo e qualsiasi realtà nella vita. Il valore del rapporto tra l'uomo e qualsiasi realtà nella vita è Cristo, di qualunque rapporto si tratti. Il senso è Cristo: perciò l'obbedienza, l'offerta è vivere per le ragioni che si convogliano nella parola Cristo, come Cristo vive per le ragioni del Padre. Di qui, dunque, la religiosità di ogni gesto, di ogni azione, di ogni rapporto.

b) In secondo luogo, il comportamento di Gesù è verso Dio Padre come *perfezione suprema*, e ciò caratterizza la vita come tensione continua a Lui: «Siate perfetti come è perfetto il Padre vostro»[33]. Cammino di perfezione è il senso della esistenza dell'uomo. Scopo della esistenza è che la creatura viva il più possibile la vita come tensione alla perfezione del Mistero.

La moralità è così vissuta non come definizione di una misura o di leggi, ma come tensione all'imitazione di Cristo e alle sue conseguenze: «Finché non siano passati il cielo e la terra, non passerà neppure un iota

[31] 1 Ts 5, 10.
[32] 1 Cor 10, 31.
[33] Mt 5, 48; cfr. Lc 6, 36.

o un segno della legge»[34]. «Non pensate che io sia venuto ad abolire la legge o i profeti: non sono venuto per abolire, ma per dare compimento»[35], cioè, in questa tensione, per renderla possibile. «Chiunque ha questa speranza si purifica come Egli è puro»[36]: è la moralità come tensione continua alla imitazione di Cristo nella sua obbedienza al Padre.

In che senso «non sono venuto per abolire, ma per dare compimento», cioè per rendere possibile? La tensione è come l'ultima e permanente espressione della libertà nei confronti del «Dio che è tutto in tutto». Che questa tensione diventi coerenza, infatti, nell'uomo è grazia. Il filo della moralità è, dunque, domanda sincera di questa grazia. La domanda sincera è la forma fondamentale della preghiera: è mendicanza. Come quella del pubblicano. «Dei due uomini che salgono al tempio a pregare, uno è fariseo, l'altro è pubblicano. Il fariseo sta in piedi e prega così, tra sé: "Dio, ti ringrazio perché non sono come gli altri uomini: ladri, ingiusti, adulteri, e neppure come questo pubblicano. Digiuno due volte la settimana e pago le decime di quanto possiedo". Il pubblicano, invece, fermatosi a distanza, non osava nemmeno alzare gli occhi al cielo e si batteva il petto dicendo: "O Dio, abbi pietà di me peccatore!". Io vi dico che questi tornò a casa sua giustificato, a differenza dell'altro, perché chi si esalta sarà umiliato e chi si umilia sarà esaltato»[37].

Chi dice «io sono capace», «io ho il potere», «io ho

[34] Mt 5, 18.
[35] Mt 5, 17.
[36] 1 Gv 3, 3.
[37] Lc 18, 10-14.

la forza», troverà dimostrato che non da sé, ma solo da un Altro cui domanda può avere tutto ciò.

È, insomma, nella morale, la prevalenza della domanda e della mendicanza sulla riuscita del proposito: sarebbe presunzione, non proposito, se non fosse domanda. Che grande verità questa parabola del Vangelo ci ripropone!

c) Da ultimo vediamo il comportamento di Gesù verso Dio Padre come Redentore, e quindi come *misericordia.*

«Dio, infatti, ha tanto amato il mondo da dare il Suo Figlio unigenito perché chiunque crede in Lui non muoia, ma abbia la vita eterna»[38]. Dunque il significato di questo Figlio, di questo Verbo diventato carne, identificato con un uomo nato da una donna, è di svelare compiutamente l'amore del Mistero, l'amore che il Mistero ha verso la sua creatura: è di svelare completamente l'amore di Dio Padre.

Cristo, questo uomo nato a Betlemme, vissuto a Nazareth, in quel momento preciso e fugace della storia, è il nostro Destino fatto presenza e compagnia, è il mistero di Dio fatto presenza e compagnia perenne, per tutto il tempo della creatura sua. «Sarò con voi, tutti i giorni, fino alla fine del mondo»[39]; affermazione suprema del Creatore come amore.

In Gesù si svela il rapporto di Dio con la sua creatura come amore e quindi come misericordia.

Che cosa aggiunga la parola misericordia alla parola amore, o perdono, è difficile capirlo, perché alla pa-

[38] Gv 3, 16.
[39] Mt 28, 20.

rola amore non si può aggiungere nulla; ma alla nostra percezione del significato di questa parola, la parola misericordia aggiunge il fattore del Mistero, per cui tutte le nostre misure e le nostre immaginazioni saltano. La misericordia è la posizione del Mistero, indica la posizione del Mistero verso qualsiasi debolezza, errore e dimenticanza umana: Dio, di fronte a qualsiasi delitto dell'uomo, lo ama.

L'accettazione di questa misericordia, il riconoscimento di questa misericordia è la somma moralità, il vertice della moralità; tale accettazione è il profondo della autenticità del riconoscimento che l'uomo, la libertà dell'uomo, realizza del Mistero, del Mistero come sorgente di tutto, del «Dio tutto in tutto».

Non si può mendicare da Dio Padre se non come abbandono a una misericordia.

5. Dall'amicizia, la moralità

Sinteticamente, il comportamento di Gesù con Dio Padre è il riconoscimento e l'accettazione del Mistero come Misericordia. *Quindi il rapporto tra Gesù e il Padre rappresenta l'attuarsi supremo della amicizia.*

Gesù come uomo riconosce ed accetta di essere Lui la misericordia del Padre. Così Egli accetta di morire: «Padre, perdona loro perché non sanno quello che fanno»[40].

Come per l'uomo Gesù l'obbedienza al Padre rappresenta la sorgente e il vertice della virtù, così per l'uomo la moralità nasce come simpatia prevalente,

[40] Lc 23, 33.

irresistibile a una persona presente: a Gesù. Al di là di tutto – attrattiva, dolore e delitto – l'attaccamento a Gesù prevale. La moralità dell'uomo nasce allora come amicizia con Dio come Mistero e quindi con Gesù, attraverso cui e in cui il Mistero si svela, si rivela, si comunica.

Amicizia vera è ogni rapporto in cui il bisogno dell'altro è condiviso nel suo significato ultimo, vale a dire in quel destino a cui ogni bisogno desta e che costituisce il termine della sete e della fame dell'uomo. Per l'uomo accettare l'amore che si esprime nella volontà di Dio, del Mistero, che facendosi uomo in Gesù accetta la morte, la sua morte per tutti i figli, è la sorgente della moralità, che nasce infatti come amicizia con Dio. Come per Gesù la moralità nasce dall'accettare di essere il soggetto proprio della misericordia del Padre – Egli accetta questo Mistero che si comunica a Lui, lo accetta morendo per gli uomini – così per l'uomo, per ogni uomo, la moralità nasce come amicizia con Lui, con Dio in Gesù.

La moralità nasce come amicizia con Dio come Mistero e quindi con Gesù. Il rapporto dell'uomo con Dio come Mistero e quindi con Gesù parte e si compie, in tutta la sua grandezza, semplicità, verità e sicurezza, nel *sì* di san Pietro a Gesù che gli domandava: «Simone, mi ami tu?».

Per il sì di Pietro la moralità è sorpresa di una Presenza a cui si aderisce in modo tale che tutta la vita tende a esserne concepita, nei particolari, nel suo insieme, così da far piacere alla faccia di quella Presenza. *Perciò la moralità, per il cristiano, è adesione amorosa.*

6. Luce, forza e aiuto per l'uomo

Vediamo ora più dettagliatamente il comportamento di Gesù verso l'altro, cioè verso l'uomo come prossimo. Esso è, in sintesi, il condividere la vita dell'uomo ponendosi come sorgente di luce, cioè di chiarezza e verità, di forza e di aiuto.

a) Come sorgente di *luce*: «Veniva nel mondo la luce vera, quella che illumina ogni uomo»[41] o, come Gesù dirà nel discorso dell'ultima cena: «Ho fatto conoscere il Tuo nome agli uomini che mi hai dati nel mondo. Erano Tuoi e li hai dati a me ed essi hanno osservato la Tua parola. Ora essi sanno che tutte le cose che mi hai date vengono da Te, perché le parole che hai dette a me, io le ho date a loro»[42].

Perciò per noi, per l'uomo che Egli sceglie, i valori attraverso cui giudicare sono quelli attenti alla parola del Verbo in quanto presenza di Gesù: in quanto Presenza ora. Ma questa è la comunità della Chiesa cui si appartiene; essa è il volto di quella Presenza, o ciò in cui il volto di quella Presenza si rende sensibile, diventa *segno*, ma un segno che contiene Ciò di cui è segno. La comunità della Chiesa è il luogo dove l'avvenimento della presenza di Cristo si rinnova, è nuovo, nasce.

Il metodo che il Mistero ha usato per darsi, per svelarsi alla sua creatura, è il metodo sacramentale: segno che contiene il Mistero di cui è segno. La comunità della Chiesa è l'aspetto di questo segno, è l'aspetto visibile di quella faccia; è la veste di quella Presenza,

[41] Gv 1, 9.
[42] Gv 17, 6-8.

come la veste di Gesù per i bambini piccoli che stavano vicino a Lui. Quelli piccoli piccoli, di quattro-cinque anni, che lo attorniavano e gli agganciavano le gambe, mettevano il musetto tra le sue vesti, e non vedevano il volto, non trattenevano la faccia, non la vedevano neanche, forse. Ma erano lì da Lui. Così che il vestito, la tunica inconsutile di cui Gesù era vestito, restava nei loro occhi più che la sua faccia. Analogamente, a noi Gesù si rende sensibile, si rende percepibile nella comunità ecclesiale come se essa fosse il vestito mediante cui la nostra piccolezza prende rapporto con la sua presenza reale.

Ascoltare la voce dell'autorità, perciò del Papa e degli atti ufficiali della Chiesa, è come l'antidoto all'abbeverarsi agli slogan dei mass media.

«Non conformatevi, perciò, alla mentalità di questo secolo, ma trasformatevi rinnovando la vostra mente per poter discernere la volontà di Dio, ciò che è buono, a Lui gradito e perfetto»[43]. Era un grande perseguitato religioso della Cecoslovacchia di alcune decine di anni fa, Josef Zvěřina, a citarci nella sua *Lettera ai cristiani d'occidente*[44] questo brano della Lettera di san Paolo ai Romani.

Il giudizio che decide dell'atto e della giornata umani è la conoscenza della verità attraverso la Chiesa in quanto è la presenza della Verità. Non la Chiesa dei «teologi», ma la Chiesa dei sacramenti, della parola del Papa e dei Vescovi in quanto uniti a lui, la Chiesa di coloro che riconoscono, nella umiltà e nella sofferenza della grande attesa (che vince la sofferenza nella letizia

[43] Rm 12, 2.
[44] J. ZVĚŘINA, *Lettera ai cristiani d'occidente*, in *L'esperienza della Chiesa*, Jaca Book, Milano 1971, 177 s.

della speranza), la parola del Papa e dei Vescovi, che guidano questa realtà di Chiesa vera.

Forse in certi momenti della vita di Gesù, qualche pia donna o qualche discepolo umanamente evoluto e sensibile avrà detto: «Povero Gesù!». Per analogia, noi possiamo dire, con la stessa pietà, per lo stesso motivo e per le stesse cause: «Povera Chiesa!». Non come giudizio negativo, ma come constatazione malinconica, eppur carica della certezza della Resurrezione nella vita della Chiesa di oggi.

b) Gesù come sorgente di *forza*: «Senza di me non potete fare nulla»[45]. Chissà come gli apostoli nell'ultima cena, in quell'ultima cena, quella sera già così carica di tremore e di terrore, avranno sentito dire questa frase: «Senza di me non potete fare nulla». Perciò siamo mendicanti, e la forma della mendicanza illuminata da Cristo sono i sacramenti. Il sacramento, in quanto forma suprema di preghiera, ha da essere la domanda che uno perfino sepolto nelle proprie miserie rivolge a Dio, come attraverso una piccola fessura di desiderio di essere liberato[46].

c) Da ultimo, come sorgente di *aiuto*: «Io sto in mezzo a voi come colui che serve»[47]. «Il Figlio dell'Uomo non è venuto per essere servito, ma per servire e dare tutta la sua vita»[48]. Diventa il servo di tutti, proprio perché Egli dà l'energia all'uomo per il cammino verso il suo Destino, cioè verso di Lui.

[45] Gv 15, 5.
[46] Cfr. L. GIUSSANI, *Perché la Chiesa*, Tomo 2: *Il segno efficace del divino nella storia*, Jaca Book, Milano 1993, 92.
[47] Lc 22, 27.
[48] Mt 20, 28.

Così, tutti i rapporti con gli altri in Gesù sono condivisione. Non c'è rapporto giusto se non in funzione del Destino: lì tende, infatti, ogni bisogno dell'essere umano, dell'essere partecipato che si chiama uomo. Quando l'uomo vive questo, accetta questo, cerca in tutti i rapporti il destino dell'altro, allora tutti i rapporti sono buoni e in tutti i rapporti l'uomo accetta l'*aiuto* che gli viene dal Mistero attraverso l'altro, poco o tanto che sia; perché attraverso l'altro il Mistero aiuta l'uomo, quando l'uomo vive i rapporti – il rapporto col compagno, con l'altro – con la coscienza del Destino.

In qualsiasi rapporto si parte allora con un'ipotesi positiva. L'anima segreta di ogni rapporto è amicizia: volere il destino dell'altro, accettare che l'altro voglia il mio destino. Se riconosco e accetto che l'altro agisce per il mio destino, questa è amicizia.

L'amicizia, cristianamente, è amicizia fraterna, è l'amicizia più familiare. Ne dà una bellissima descrizione san Bernardo: «La carità genera l'amicizia, ne è come la madre [la carità è l'amore all'altro come affermazione del suo destino buono, come desiderio di affermazione che avvenga il suo destino giusto, perché Cristo è il Mistero di cui è parte e partecipa]. È dono di Dio, viene da Lui, perché noi siamo carnali. Egli fa che il nostro desiderio e il nostro amore comincino dalla carne. Nel nostro cuore Dio inscrive verso i nostri amici un amore che essi non possono leggere, ma che noi possiamo manifestare loro. Ne risulta un'affezione, più spesso un *affectus*, un attaccamento profondo, inesprimibile, che è dell'ordine dell'esperienza e che fissa all'amicizia diritti e doveri».

Questa è l'amicizia di san Pietro, di Simone figlio di Giovanni, con Gesù, quando ancora non sapeva, non si era accorto, non aveva preso pienamente coscienza di quel che Gesù volesse dire di sé.

«È la carità che genera l'amicizia, ne è come la madre». La carità è il rapporto in cui si cerca il destino dell'altro con la consapevolezza di chi ne è stato chiamato, nella certezza della coscienza che il destino dell'altro è Gesù, il Dio fatto uomo, in quanto attraverso quell'uomo è Dio che prende rapporto con noi.

7. Dentro la storia del mondo: ecumenismo e pace

Da ultimo, il comportamento di Gesù verso la società, proprio come istituzione.

a) Innanzitutto vediamo il comportamento di Gesù verso il luogo istituzionale che si chiama Stato, nazione o, meglio ancora, patria, originalmente popolo, il popolo in quella patria. Da questo punto di vista, ci sono citazioni impressionanti.

«Non sono stato inviato se non alle pecore perdute della casa d'Israele»[49]. È qui sottolineato il valore della patria, o della società che esprime il popolo, nelle sue caratteristiche e anche nelle sue delimitazioni. Ma questo amore alla patria ha un destino di utilità a tutto il mondo: «Sarà predicato a tutte le genti il perdono dei peccati, cominciando da Gerusalemme»[50].

Una sera Gesù vede la sua città dalla collina e piange su di essa, pensando alla sua rovina: «Gerusalemme, Gerusalemme, che uccidi i profeti e lapidi coloro che

[49] Mt 15, 24.
[50] Cfr. Lc 24, 47.

sono mandati a te, quante volte ho voluto raccogliere i tuoi figli come la gallina la sua covata sotto le ali, e voi non avete voluto. Ecco la vostra casa vi viene lasciata deserta. Vi dico, infatti, che non mi vedrete più fino alla fine del tempo, in cui direte: "Benedetto Colui che viene nel nome del Signore"»[51]. Quella città l'avrebbe ucciso alcune settimane dopo. Ma per Lui questo non c'entra, cioè non conta come definizione. Un'altra sera, proprio immediatamente prima che fosse preso, nello splendore dell'oro del tempio illuminato dal sole che tramontava, *edákruse*, dice il testo greco, Gesù singhiozzò davanti al destino della sua città. Una pietà come quella di una madre che si abbarbica al figlio per non lasciarlo andare nel pericolo mortale in cui va[52].

L'amore alla patria è una implicazione profonda della *pietas* cristiana. Ma lo è in quanto la patria è in funzione del benessere terreno e del bene eterno di tutta l'umanità.

b) In secondo luogo, l'atteggiamento di Gesù verso la società come potere politico, il potere politico romano e giudaico di allora.

«Pilato, allora, rientrò nel pretorio. Fece chiamare Gesù e gli disse: "Tu sei il re dei giudei?". Gesù rispose: "Dici questo da te oppure altri te l'hanno detto sul mio conto?". Pilato rispose: "Sono io forse giudeo? La tua gente e i sommi sacerdoti ti hanno consegnato a me. Che cosa hai fatto?". Rispose Gesù: "Il mio regno non è di questo mondo. Se il mio regno fosse di questo mondo, i miei servitori avrebbero

[51] Lc 13, 34 ss.
[52] Cfr. L. GIUSSANI, *Si può vivere così?*, Rizzoli Bur, Milano 1994, 276 ss.

combattuto perché non fossi consegnato ai giudei. Il mio regno non è di quaggiù". Allora Pilato gli disse: "Dunque tu sei re". Rispose Gesù: "Tu lo dici, io sono re. Per questo sono venuto nel mondo, per rendere testimonianza alla verità. Chiunque è dalla verità ascolta la mia voce". [...] Pilato, entrato di nuovo nel pretorio, disse a Gesù: "Ma di dove sei?". Ma Gesù non gli diede risposta. Gli disse, allora, Pilato: "Non mi parli. Non sai che ho il potere di metterti in libertà e il potere di metterti in croce?". Rispose Gesù: "Non avresti nessun potere su di me se non ti fosse stato dato dall'alto. Per questo chi mi ha consegnato nelle tue mani ha una colpa più grande [più grande della tua]"»[53]. Anche il potere politico trae la sua possibile positività terrena solo in funzione di un universo, in funzione di tutti nel mondo. Se così non è, allora «chi mi ha consegnato nelle tue mani ha una colpa più grande».

Un altro brano di Giovanni parla del rapporto di Gesù col potere politico giudaico: «Uno di loro di nome Caifa che era sommo sacerdote in quell'anno disse loro: "Voi non capite nulla e non considerate come sia meglio che muoia un solo uomo per il popolo e non perisca la nazione intera". Questo, però, non lo disse da se stesso, ma essendo sommo sacerdote profetizzò che Gesù doveva morire per la nazione e non per la nazione soltanto, ma anche per riunire insieme i figli di Dio che erano dispersi»[54].

c) Infine, l'atteggiamento e il comportamento di Gesù verso la storia.

[53] Gv 18, 33-37; 19, 8-11.
[54] Gv 11, 49-52.

Noi dobbiamo imitare Gesù nel suo comportamento verso la storia, perché la gloria umana di Cristo è da noi riconosciuta come il senso della storia, della nostra esistenza personale e del suo contesto totale che si chiama storia: «Padre, è giunta l'ora: glorifica il Figlio Tuo, perché il Figlio glorifichi Te, poiché Tu gli hai dato potere sopra ogni essere umano, perché Egli dia la vita eterna a tutti coloro che gli hai dato»[55]. Come per Gesù il senso della storia era il compiersi della volontà del Padre («Questa è la vita eterna: che conoscano Te, unico vero Dio, e colui che hai mandato, Gesù Cristo»[56]), per l'uomo il senso della storia è Cristo, la gloria umana di Cristo; imitare Gesù è quindi vivere lo scopo di ogni azione come affermazione del senso della storia, che è Gesù Cristo stesso, la gloria umana di Cristo.

Vivere per la gloria umana di Cristo si chiama testimonianza. È il fenomeno per cui gli uomini riconoscono – per una grazia potente, un dono potente – di che cosa è fatta la realtà, gli uomini e le cose: è fatta di Cristo, e lo gridano a tutti, lo dimostrano con la propria esistenza, con la modalità trasformata della loro esistenza. La fine della storia sarà il giorno in cui tutto l'universo umano sarà costretto a riconoscerlo[57].

Ogni tempo nella storia, ogni misura di tempo «merita», cioè si proporziona all'eterno, nella misura in cui vive la memoria di Cristo. Perciò la moralità cristiana implica che l'impegno sociale, culturale e politico sia

[55] Gv 17, 1-2.
[56] Gv 17, 3.
[57] Cfr. L. GIUSSANI, *Si può (veramente?!) vivere così?*, Rizzoli Bur, Milano 1996, 275 ss.

educato, quindi maturi, nell'ideale concreto di un richiamo e di un aiuto alla memoria di Cristo, e quindi al senso della storia, come significato del tempo e dei rapporti.

Non può essere morale cristiana quella che non fa vivere ogni gesto – dal lavare i piatti all'essere in Parlamento – nella sua dimensione cosmica di offerta a Cristo. L'offerta è riconoscere che la *substantia*, la consistenza dell'essere, che vive e si esprime in un rapporto, è Cristo; riconoscimento che non può che essere sotteso dalla preghiera che Egli si faccia vedere, si mostri, si dimostri.

Perciò, la convivenza umana vive come ideale quello espresso nella Lettera agli Ebrei: «Esortatevi a vicenda ogni giorno, finché dura quel tempo che chiamiamo oggi, perché nessuno di voi si indurisca sedotto dal peccato». Esortatevi a vicenda ogni giorno: richiamate la memoria di Cristo ogni giorno, richiamatevi alla memoria di Cristo. «Per questo siamo diventati, infatti, partecipi di Cristo: a condizione di mantenere salda sino alla fine la fiducia che abbiamo avuta da principio»[58].

Da qui, l'obbedienza che salva l'ordine nella società.

Ma chi salva l'ordine nella società è l'autorità: «Ciascuno sia sottomesso alle autorità costituite, perché non c'è autorità se non da Dio, e quelle che esistono sono stabilite da Dio. [...] I governanti, infatti, non sono da temere quando si fa il bene»[59]; «Siate sottomessi a ogni istituzione umana per amore del Signore»[60]. Non può essere contraddittorio quello che si vive.

[58] Cfr. Eb 3, 13-14.
[59] Rm 13, 1-3.
[60] 1 Pt 2, 13.

Nasce così l'impegno a servire la comunità umana fino alla cultura, all'economia, anche alla politica, secondo tutta la capacità della nostra gratuità, non solo nel tempo libero, ma innanzitutto nel lavoro.

Ecumenismo e *pace* sono l'esito favorito di tutto questo. In essi è affermato come principio di ogni rapporto, come apporto supremo di ogni convivenza, l'attuarsi di un'amicizia tendenzialmente universale nella quale la storia umana trova l'aiuto migliore.

Ciò significa che *l'amicizia cristiana è partecipe della generazione della realtà sociale come popolo.* Dall'attuarsi di tale amicizia, cioè, nasce un popolo, perché solo nella reciprocità un uomo diventa padre, acquista una paternità, cioè genera. La paternità è a quel livello dove la natura è autocosciente, è il livello umano. L'animale è generatore-riproduttore, non padre. Il padre è supremo aiuto alla chiarezza del senso della vita e compagnia nel cammino a essa.

Qualsiasi rapporto, nella misura in cui è realizzato nell'amore reciproco, cioè è amicizia, genera qualcosa di umano. E questo è il nostro contributo, il contributo della morale della Chiesa alla pace qui e dovunque. Invece il contenuto mondano del rapporto è violenza, urge alla violenza, insinua la violenza, anche nelle formazioni più nascoste, scaltramente e inconsciamente subdole tante volte, salvo i rapporti, i soprassalti che avvengono nel fulcro originale, nella natura originale: padre, madre e figlio. Tali soprassalti dell'umano si riducono tuttavia a sussulti senza molto potere, che nulla possono sul fiume, sulla travolgente marea mondana e quindi sulla violenza, sulla *hybris* che interviene inevitabilmente quando Dio diventa estraneo, estraneo alla concezione e alla fattura del rapporto.

Invece, dall'avvenimento dell'amicizia cristiana, vissuta come ecumenismo e pace, nasce un popolo: è l'accadere di una concezione della vita, di un sentimento del reale, di una onestà di fronte alle circostanze, di una risposta intensa di fronte a una provocazione secondo una visione e secondo una percezione del proprio destino di verità e di felicità. Non c'è soltanto un individuo che poi, crescendo, fa una famiglia, in cui nascono due o sei figli. Immaginiamoci le centinaia di monache di Ildegarda di Bingen e, contemporaneamente, i monaci di Pietro il Venerabile, a Cluny. E tutta la gente che andava lì. È stato il modo in cui, lentamente, dalla barbarie che dominava il V e il VI secolo è venuta fuori la famiglia cristiana, con la tenerezza di sentimenti, con la capillarità delle attenzioni, con la chiarezza dei comandi, delle leggi che la caratterizzano; la famiglia cristiana come organismo-dimora, come una vera dimora per l'uomo: aiuto, ricovero, ospitalità, canto[61].

La contraddizione a tutto questo sta nell'identificare in un potere terreno gli ideali che si raccolgono nelle parole ecumenismo e pace. Il potere fa diventare questi stessi ideali violenza: l'ecumenismo diventa affermazione della propria posizione chiusa, violenta, oppure una intemperante negazione di ogni significato, di ogni rilievo, di ogni stima; e la pace diventa una formula eretta a parola d'ordine per vincere la propria guerra.

La violenza implica sempre il tentativo di distruggere un popolo: la violenza degli eserciti, dei magistrati o anche delle realtà religiose in cui la religiosità non trovi aperta adesione e reale consequenzialità.

[61] Cfr. L. Giussani, *Si può (veramente?!)...*, cit., 420.

E alla violenza tutta l'educazione del potere fa tendere l'azione dell'uomo, la concezione della famiglia e della convivenza sociale, il metodo di rapporto con gli altri. Il potere avalla tutte le forme di estraneità ultima, che sono l'inizio della violenza nel mondo.

Invece, all'uomo che segue Cristo nessuna presenza diventa estranea. «Se sarete quello che dovrete essere metterete fuoco in tutta Italia. Non accontentatevi delle piccole cose: Egli, Iddio, le vuole grandi». Così santa Caterina – l'illetterata giovane donna di Siena – scriveva al Papa autoesiliato.

Ma il Mistero come misericordia resta l'ultima parola anche su tutte le brutte possibilità della storia. Il Mistero come misericordia. Questo è l'abbraccio più irresistibile, nella sua evidente pietà, dell'Essere, sorgente, scopo, natura di tutto l'essere, è il rapporto dell'Essere con il mio nulla, con me, che ha fatto e cui ha dato partecipazione a Sé. Questo è l'abbraccio ultimo del Mistero, contro cui l'uomo – anche il più lontano e il più perverso o il più oscurato, il più tenebroso – non può opporre niente, non può opporre obiezione: può disertarlo, ma disertando se stesso e il proprio bene. Il Mistero come misericordia resta l'ultima parola anche su tutte le brutte possibilità della storia.

III. Cristo vita della vita

1. «Fece e insegnò»

Siamo partiti da queste due domande: cos'è Dio per l'uomo e come facciamo a conoscerlo così, per quello che diciamo di conoscerlo?

La prima risposta è ontologica, parte cioè dalla realtà com'è, dalla realtà di Dio com'è, da quello che *è* Dio, per suggerirci come comportarci con Lui. Ora, come facciamo a conoscerlo in modo tale che la realtà di Dio assuma un significato etico per noi, ci indichi come comportarci, il comportamento da avere di fronte a Lui?

Il punto di partenza è ontologico, si parte dalla realtà come è. Per l'uomo Dio è tutto! E l'essere, ciò che è, è Dio, perché «Dio è tutto», tutto l'essere. Fuori di Dio c'è il nulla, non altro, non qualcosa d'altro.

Allora, l'uomo riconosce veramente quello che Dio è solamente se in tutto quello che fa domanda a Dio di essere, e se ogni sua azione è domanda a Dio di essere, cioè di felicità (ciascuno ha un traguardo in cui sarà finalmente e totalmente se stesso). Ogni azione è domanda a Dio di essere, cioè è preghiera, perché ogni azione dell'io, come fenomeno per cui si avvera, cerca di avverarsi l'esistenza dell'essere creato, è tentativo di affermare il proprio compimento. «Voi [cristiani] – diceva Péguy – toccate Dio dappertutto»[62]. Qualsiasi cosa tocchiamo, con qualsiasi cosa entriamo in rapporto, noi cerchiamo il nostro compimento. Perciò, ogni coscienza dell'azione, quando si compie l'azione, è domanda all'Essere di essere, è domanda da parte dell'essere partecipato di essere, di esistere sempre, per tutto quello che ha ricevuto, per tutto quello che è.

La seconda risposta trae dalla scoperta ontologica – Dio è tutto e l'uomo è l'essere partecipato, è una comunicazione che di Sé fa l'Essere come Mistero – una questione di coscienza etica, cioè di comportamento. Infatti, se Dio è tutto (non si possono usare altre parole), se Dio per l'uomo è tutto e appare alla ragione come la sorgente dell'essere, ma l'uomo non vuole capire e non se ne ricorda, è come se Dio non ci fosse. Per la maggior parte di noi ogni giorno che passa è un po' gremito di questo peccato. Dove il termine «peccato» è in sé preciso, e ha dentro non la bonomia, ma la malinconia di quando si dice: «Guarda, quell'individuo ha fatto così e così: che peccato, ha smarrito il buonsenso!». In modo simile, per Dio: «Non è stato riconosciuto: che peccato!».

Come facciamo a conoscere Dio così? Come facciamo a conoscere con certezza e chiarezza che Lui è tutto, per cui l'uomo non può agire se non domandando quello che già ha avuto da Lui: l'essere, la partecipazione all'essere, l'essere creato, cioè l'essere partecipato?

Come facciamo a conoscerlo? Bisogna prenderne coscienza. Ciò riguarda la forza conoscitiva dell'uomo

[62] Ch. Péguy, *Veronica. Dialogo della storia con l'anima carnale*, Milella, Lecce 1994, 220.

ragionevole. La ragione è coscienza della realtà secondo la totalità dei suoi fattori. Perciò prendere coscienza di una cosa significa scoprire la cosa secondo la sua totalità. Nel nostro caso, l'oggetto di cui stiamo parlando, l'oggetto che interessa, l'oggetto messo a tema è Dio: come l'uomo concepisce Dio e come Dio appare, deve apparire all'uomo.

Così la ragione, accorgendosi che Dio è la sorgente di tutto, che il Mistero sta all'origine di tutto, è anche tesa a scoprire come comportarsi con Dio, come trattare Dio, e perciò a scoprire gli itinerari da cui conseguono le leggi morali.

Ma qui abbiamo dovuto segnalare un salto qualitativo veramente enigmatico. Il Mistero, sorgente e destino di tutta la realtà creata, ha voluto che ci fosse un uomo nato da una donna, che ha fatto la carriera dell'umano come ogni uomo, l'uomo Gesù di Nazareth, e volendo comunicarsi agli uomini attraverso questo uomo, lo ha fatto suo fin dal primo istante del concepimento, assumendo misteriosamente il suo io nel Verbo, nella seconda persona della Santissima Trinità, rendendolo perciò direttamente partecipe alla natura di Dio: supremo mistero nella storia dell'uomo e del cosmo. Per questo Gesù di Nazareth è Gesù detto il Cristo.

Vedere, ascoltare e seguire questo uomo è tutta la sorgente della morale cristiana. Il Mistero ha voluto l'uomo Gesù affinché fosse anzitutto strumento di insegnamento a tutti gli uomini – dell'insegnamento sommo della vita, che è quello su Dio –, unico Maestro («Non vogliate chiamarvi maestri: uno solo è il vostro Maestro. Tutti voi siete discepoli, fratelli»[63]) e

[63] Cfr. Mt 23, 8.10.

quindi esempio in quello che faceva di ciò che diceva magistralmente, che comunicava come insegnamento: fece e insegnò. Il Signore Gesù fece e insegnò.

Parlando di Dio non si può insegnare se non qualcosa che ha pre-occupato, che ha occupato prima la propria anima, tutta l'anima.

La cosa più sublime di un atteggiamento morale come quello che Cristo ci insegna è che ogni azione, come rapporto con Dio, con Gesù, con l'umanità del singolo e della società, è amicizia. Ogni rapporto umano infatti o è amicizia o è mancante, deficiente, menzognero.

Per questo l'uomo Gesù disse: «Padre, se è possibile che io non muoia così, però non la mia, ma la tua volontà sia fatta»[64]. E così fu maestro e docente, insegnante a tutti gli uomini, passando attraverso la sua morte, accettando la morte per gli uomini. «Egli mi ha amato e ha dato se stesso per me»[65], diceva san Paolo.

Ogni rapporto è amicizia in quanto è un dono, rappresenta o ha la possibilità di essere un dono, che ci arriva da Dio, o da Cristo, o dalla Chiesa, o dalla storia dell'uomo: è un dono, l'amicizia, che noi ospitiamo. Tutto ciò che ci è dato da Dio, Cristo, la Chiesa, o dalla storia dell'uomo come comunicabilità a tutti gli uomini, per tutti gli uomini, è un dono che noi ospitiamo, accettiamo. E accettare e ospitare questo dono rende reciproco l'amore che chi ha donato possiede, dimostra: accettarlo è l'amore che dimostriamo noi a chi ci ha dato il dono. In questo senso l'amicizia è una reciprocità di dono, di amore, perché per un

[64] Cfr. Lc 22, 42.
[65] Cfr. Ef 5, 2.

essere creato, come l'uomo, la forma suprema dell'amore a Dio è accettare di essere fatto da Lui, accettare di essere, accettare l'essere che non è proprio: è dato.

2. Un Avvenimento presente

La presenza di Gesù Cristo, che è di ogni giorno e di ogni ora nella vita del battezzato, cioè di chi è stato scelto da Lui stesso, cui il Padre ha dato nelle mani tutti gli uomini, è un *Avvenimento*. Essa è per tutta l'umanità, perché il battezzato è chi è scelto come punto di passaggio e di comunicazione di quello che Dio offre all'uomo, del dono che di Sé fa all'uomo, a tutta l'umanità. Pensiamo, per esempio, a questo particolare: se io sono stato battezzato è perché la forza del Mistero che mi ha trasformato nel Battesimo, attraverso di me voleva passare, per tanti itinerari e occasioni, ad altri. Questa è l'ontologia del rapporto nuovo con tutto: il rapporto tra il battezzato e tutti gli uomini scaturisce da questo fine che il Mistero, nel Battesimo, ci ha comunicato. E il Mistero ha incominciato a farci conoscere l'energia che ci ha dato nel Battesimo e lo scopo che aveva nello sceglierci e nel battezzarci. Da qui scatta l'etica, il comportamento da seguire, che io devo seguire quando prendo coscienza del mio Battesimo, che non può essere dimenticato in nessuna azione; nessun giorno e nessuna ora l'uomo ha diritto a una dimenticanza di questa scelta. Il suo scopo attraversa tutto l'organico del fenomeno umano, del gesto e dell'impegno dell'uomo, lo supera da tutte le parti. In questo senso abbiamo sempre detto che l'istante ha un valore eterno, è rapporto con l'Infinito attuato, come la più grande azione, la più grande epopea, la più grande storia.

Dunque, *la presenza di Gesù Cristo è un Avvenimento*, secondo quanto il carisma donatoci ci rende sensibili a percepire (e di cui siamo persuasi!), è un Avvenimento che si incontra nel presente, nell'ora, nelle circostanze, che dilatano l'evidenza di una compagnia vocazionale come emergenza del mistero della Chiesa, corpo misterioso di Cristo.

Soprannaturale, l'abbiamo detto tante volte, è una realtà umana in cui è presente il mistero di Cristo, è una realtà naturale – nel senso che si dimostra e si specifica con volto umano – in cui è presente il mistero di Cristo. È la Chiesa che emerge accanto a me. È emersa accanto a me in determinate circostanze, con mio padre e mia madre, poi in seminario, poi ancora quando ho incominciato a trovare persone che mi diventavano attente e amiche perché dicevo certe cose e, finalmente, sono stato come incanalato in una compagnia che rendeva e che rende immediato per me il mistero della Chiesa; perciò è un'emergenza del corpo di Cristo. È la compagnia «vocazionale», vale a dire, la compagnia che ci implica, in quanto genera l'esperienza ed è generata dall'esperienza in cui il carisma ci ha toccato.

Diceva sant'Agostino: *In manibus nostris sunt codices, in oculis nostris facta*[66]. *In manibus nostris sunt codices*, i Vangeli da leggere, la Bibbia da leggere; ma non sapremmo come leggerli, senza l'altra clausola: *in oculis nostris facta.* La presenza di Gesù è alimentata, confortata, dimostrata dalla lettura dei Vangeli e della Bibbia, ma è assicurata e si rende evidente tra noi attraverso un fatto, attraverso fatti come presenze. Per

[66] SANT'AGOSTINO, *Sermo sancti Augustini cum pagani ingrederentur*, in *Codice di Magonza.*

ognuno c'è un fatto che ha avuto un significato, una presenza che ha influito su tutta la vita: ha illuminato il modo di concepire, di sentire e di fare. Questo si chiama avvenimento. Quello in cui siamo introdotti resta veramente vivo, si avvera tutti i giorni; perciò tutti i giorni noi prendiamo coscienza, dobbiamo prendere coscienza dell'avvenimento come ci è accaduto, dell'incontro fatto.

Concludo questa sottolineatura di mie preoccupazioni, dicendo: Cristo, questo è il nome che indica e definisce una realtà che ho incontrato nella mia vita. Ho incontrato: ne ho sentito parlare prima da piccolo, da ragazzo, ecc. Si può diventar grandi e questa parola è risaputa, ma per tanta gente non è incontrato, non è realmente sperimentato come presente; mentre Cristo si è imbattuto nella mia vita, la mia vita si è imbattuta in Cristo proprio perché io imparassi a capire come Egli sia il punto nevralgico di tutto, di tutta la mia vita. *È la vita della mia vita, Cristo.* In Lui si assomma tutto quello che io vorrei, tutto quello che io cerco, tutto quello che io sacrifico, tutto quello che in me si evolve per amore delle persone con cui mi ha messo. Come diceva Möhler in una frase che ho citato molte volte: «Io penso di non poter più vivere se non lo sentissi più parlare»[67]. È una frase che avevo messo sotto un'immagine del Carracci raffigurante Cristo quando ero al liceo. Forse una delle frasi che ho più ricordato nella mia vita.

Cristo, vita della vita, certezza del destino buono e compagnia per la vita quotidiana, compagnia familiare e trasformatrice in bene: questo rappresenta l'efficacia di Lui nella mia vita.

[67] Cfr. A.J. MÖHLER, *Dell'unità della Chiesa*, Tipografia e libreria Pirotta e C., Milano 1850, 52.

La morale non solo parte di qui, ma solo qui il filo della moralità si attesta e si salva.

San Pietro non ha messo come motivo del suo amore a Cristo il fatto di esser perdonato in tanti suoi difetti, in tanti suoi errori, in tanti suoi tradimenti; non ha fatto l'elenco dei suoi errori. Quando si è trovato di fronte a Cristo, dopo la sua Resurrezione, quella volta che si è trovato faccia a faccia con Lui e Egli gli ha chiesto: «Simone, tu mi ami?», gli ha detto: «Sì».

È il rapporto con questa parola, che è la più umana e la più divina, che fa abbracciare, nella nostra esistenza quotidiana, tutto. Quotidiana deve essere la sua memoria, quotidiano deve essere l'impeto con cui Egli diventa familiare, lieta deve diventare la compagnia con Lui, e la sua memoria lieti ci deve lasciare, in qualsiasi circostanza, in qualsiasi condizione, perché in te, o Signore, si incarna il bene che il Mistero mi vuole. Così si ha certezza di raggiungere il destino felice e si ha speranza per tutto l'andamento della vita.

«Sì, Signore, tu lo sai che io ti amo». Avessi sbagliato e tradito mille volte in trenta giorni, questo sta, deve stare! Mi pare che questa non sia presunzione, ma sorprendente, inconcepibile e ineffabile grazia, come diceva Michelangelo Buonarroti: «Ma che poss'io, Signor, s'a me non vieni / coll'usata ineffabil cortesia?»[68].

Cristo e il sì a Lui: questo, paradossalmente, è l'aspetto umanamente più facile – lo dico un po' presuntuosamente, un po' entusiasticamente – o, comunque, più accettabile di tutto quanto il dovere morale che abbiamo nel mondo. Perché Cristo è la parola che

[68] MICHELANGELO BUONARROTI, *Rime*, n. 286, vv. 5-6.

tutto dispiega: Cristo è un uomo che è vissuto duemila anni fa come tutti gli altri, ma che, risorto da morte, con l'invadenza della potenza del Mistero in Lui, di cui partecipava la natura, ci investe giorno per giorno, ora per ora, azione per azione.

La totalità della presenza e della pretesa del Mistero sulla nostra vita («Dio tutto in tutto») e di Cristo, di Gesù di Nazareth, del giovane uomo di Nazareth, Gesù, che è il Mistero fatto Cristo, Suo Cristo, la totalità della grande figura, dell'immane figura, dell'immane accenno che Dio, la parola Dio è nel nostro cuore e sulle nostre labbra, la totalità di questa presenza familiare, quotidiana ed efficace, di questa compagnia tanto strana quanto evidentemente insuperabile, questa totalità spiega il nostro dire «Tu»: «Tu» a Dio dobbiamo dire e «Tu, o Cristo» dobbiamo dire all'uomo Gesù di Nazareth.

Sia il Mistero che la sua fisica presenza nella nostra vita sono sorgente del rapporto che abbiamo con la verità e con la realtà tutta, e tutto questo diventa la sorgente anche di quello che abbiamo detto essere amicizia. Non c'è rapporto davanti a Te, o Cristo, quando ti incontro vivendo la memoria di Te, non posso avere nessun rapporto umano, di nessun genere, con nessuno, senza che il tema, l'ideale dell'amicizia non venga perseguito. Se come Tu guardavi tutta la gente con cui parlavi o che ti rispondeva o con cui non c'è stato nessun dialogo – anche Pilato, anche i sommi sacerdoti –, se il rapporto che Tu avevi con loro, che, come dimostrato in tutta la Tua passione, era pieno di passione per il loro destino, per il destino delle loro persone, pieno di amore verso di loro, se esso fosse stato da loro accolto, se si fossero messi d'accordo e in raccordo con Te, la parola amicizia sarebbe stata l'unica che potevano usare per il rapporto con Te. La parola amicizia è l'unica che possiamo usare per il rapporto tra noi e Lui.

San Massimo il Confessore, un grande Padre della Chiesa, ne dà la sintesi mirabile che già abbiamo ricordato: «Cristo è [...] tutto in tutti [sia che siamo buoni, che siamo cattivi, che siamo distratti, che siamo fuorigioco o dentro], Egli che tutto racchiude in sé, secondo la potenza unica, infinita e sapientissima della sua bontà – come un centro in cui convergono le linee [tutte le linee del creato: questa è la nascita ontologica, è lo sguardo dell'ontologia da cui tutto il nostro atteggiamento nella vita deve nascere] – affinché le creature del Dio unico non restino estranee e nemiche le une con le altre, ma abbiano un luogo comune dove manifestare la loro amicizia e la loro pace»[69].

[69] San Massimo il Confessore, *Mistagogia*, cit.

Parte seconda

I. Presa di coscienza di un cristiano oggi

1. Influenza della Chiesa sulla società. Il dramma dei tempi moderni: la prevalenza dell'etica sull'ontologia

Le circostanze per cui Dio ci fa passare sono fattore essenziale e non secondario della nostra vocazione, della missione a cui ci chiama. Se il cristianesimo è annuncio del fatto che il Mistero si è incarnato in un uomo, la circostanza in cui uno prende posizione su questo, di fronte a tutto il mondo, è importante per il definirsi stesso della testimonianza. Anzi, da come si ottiene questa posizione in noi si capisce se e quanto viviamo l'appartenenza, che è radice profonda di tutta l'espressione culturale[1]. Infatti, una espressione culturale nasce da un'appartenenza, scaturisce da ciò a cui si appartiene. Non è detto che ne abbiamo una coscienza anche teoricamente formulata, possiamo non averne coscienza adeguata, ma di fatto è ciò a cui apparteniamo che decide della nostra espressione culturale.

La realtà della Chiesa, come avvenimento quotidiano in cui si rende presente l'Avvenimento originale, si pone oggi davanti al mondo, non dico dimenticando, ma dando come per supposto e per ovvio, metodolo-

[1] Cfr. L. Giussani, *Alla ricerca del volto umano*, cit., 71-81.

gicamente almeno, il contenuto dogmatico del cristianesimo, la sua ontologia, perciò semplicemente l'avvenimento della fede.

Mi verrebbe da fare un paragone. Consideriamo il concetto di Dio creatore. È certamente nel cristianesimo che l'idea fondamentale della Bibbia, del Dio creatore, dell'ineffabile infinito onnipotente Iddio, viene senza paragoni riecheggiata e ripresa, con una forza e una volontà di influsso determinante la vita in tutti i suoi particolari. Il modo di concezione di questo Dio è realmente l'affermazione del Mistero. Non solo del Mistero come realtà, ma del Mistero come una realtà assolutamente al di là di tutte le nostre misure che, però, ha una incidenza capillare su tutto quello che l'uomo fa: ogni rapporto che l'uomo stipuli – per costruire o per distruggere – con le cose e con le persone è determinato innanzitutto dal modo in cui il rapporto col Mistero è concepito e sentito e diventa quindi operante.

Queste affermazioni appartengono all'ontologia: Dio ha creato la realtà del cosmo. Ma la religiosità che si fonda su quest'esplicitazione della coscienza umana, cui l'indagine o l'intuizione della ragione pure ci fanno giungere, normalmente mi pare che si attui e si traduca soprattutto come il delinearsi di un modo di vivere nello sforzo di cambiamento, di adattamento, di conversione, di accettazione, di disponibilità a qualsiasi circostanza in cui Dio esprima il suo volere. I dieci comandamenti rappresentano, in questo senso, un'espressione geniale che la Bibbia dà di tutta una riflessione e una lettura dettagliata del rapporto che l'uomo stabilisce con se stesso e con la realtà, agendo con la coscienza della grande presenza del Mistero. Questo è il genio della Bibbia, che ha reso possibile all'umanità cogliere questa suprema e concreta verità del Dio creatore; concreta nel senso che coinvolge tutta la prassi dell'umano. Ma la predicazione, anche nella Chiesa, normalmente, novanta volte su cento, si attarda su richiami etici: è doveristico, più o prima che attraente, il modo in cui tutti parlano di Dio; quando ne parlano, coscientemente o incoscientemente, è doveristico. Raramente esso si incentra su notazioni psicologiche ed estetiche, le quali derivano da considerazioni di carattere ontologico; il valore estetico viene sottolineato solo in momenti o con temperamenti eccezionali. Ad ogni modo nella vita della Chiesa questa esteticità è concretata e incarnata nella realtà sacramentale-liturgica, perciò è sempre richiamata al popolo cristiano. In un suo articolo Adriano Dell'Asta ricorda l'episodio dei primi uomini che, mandati da re Vladimiro, avevano accostato dei monaci cristiani; fatti entrare ad assistere a una normale liturgia (con canti, letture, ecc.), ne erano usciti stupefatti e, di ritorno, dissero al Re: «Non sapevamo se fossimo in cielo o sulla terra, giacché sulla terra non si vede alcuno spettacolo di tale bellezza»[2].

Ma teologia e catechetica, teologi e catechisti si sono arroccati nella difesa dell'etica, dando dapprima per scontata l'evidenza del contenuto dogmatico. Così, anche nella vita della Chiesa in questi ultimi secoli è stato dato per scontato il contenuto dogmatico, vale a dire il contenuto che prima abbiamo citato e sempre citiamo come oggetto del nostro messaggio, l'oggetto definente il nostro messaggio: il *Credo*.

[2] A. Dell'Asta, *Reportage sul miracolo*, in «Litterae Communionis – Tracce», 7 (1997), 52.

Nei primi secoli la comunicazione dell'esperienza cristiana, quindi della concezione dell'uomo, della società e della storia che essa veicola, è avvenuta attraverso «fatti» e strutture fondamentali: diocesi e comunità locali, in nesso tra di loro e in rapporto ultimo, secondo varietà di modi realizzato, con il Vescovo di Roma. Di fronte a questa irriducibile originalità lo Stato, cioè il potere nella società, comunque identificato e qualunque tipo di metodo usasse, concepiva il rapporto con la Chiesa come con una istituzione con sua propria autorità.

L'Avvenimento è identicamente Avvenimento presente, per la Chiesa, tranquillamente fin nel Medio Evo, attraverso un succedersi di «fatti». Come è stato un fatto l'Avvenimento primo, originale, così erano «fatti» che facevano rivivere l'Avvenimento originale; «fatti» da leggersi col cuore, vale a dire con la ragione affettivamente impegnata: si poteva perciò riconoscerLo, ricercarLo come realtà presente. Dal Fatto originale, dall'Avvenimento originale è così derivata la Tradizione. La presenza dell'Avvenimento originale, l'attuarsi oggi dell'Avvenimento originale, che si è reso presente tutti i giorni del tempo fino ad ora, si chiama Tradizione: essa, quindi, costituisce il ripetersi ogni giorno dell'Avvenimento primitivo, dell'Avvenimento originale. E il suo strumento è la *memoria.*

Ora, l'influsso razionalista, nel sorgere dell'età moderna, produce una duplice dinamica.

Da una parte rende lo Stato autarchico, autocratico, conferma l'autofondazione assoluta dello Stato. Lo Stato è così un potere che si costituisce nelle mani di coloro che se lo prendono, si identifica innanzitutto come potere. Questa è la «logica» che nasce dall'affermazione della ragione come misura delle cose: è *l'uomo misura dell'essere.*

Dall'altra parte, sostituisce la modalità di esistenza del fatto religioso cristiano: non più un passaggio, di giorno in giorno, della Presenza rinata (che ha rinascita tutte le giornate), del Fatto originale, ma la sua riduzione a un *a priori* astratto che è ospitato e alberga nella testa dell'uomo, nella sua mente, e viene proiettato sul mondo e quindi sull'esistenza. Assistiamo così al progressivo affermarsi dell'*ideologia* nel rapporto col reale. La realtà viene infatti concepita secondo un a priori, che è determinato dall'atteggiamento con cui uno sta di fronte ad essa. Così uno può avere, come primo aspetto di reazione di fronte alla realtà, un'ostilità, una difficoltà, un'indifferenza, o un sentimento di incapacità a dominarla; oppure, inversamente, può vivere una volontà di dominio, una sete di possesso, di guadagno, di gusto immediato, o una pretesa di determinare su vasta scala la realtà cui partecipa. Ognuno di questi atteggiamenti diviene il punto di vista prefissato da cui concepire la realtà: l'atteggiamento in cui uno vive, la faccia con cui guarda la realtà, questa faccia interiore – che si nutre del temperamento e del carattere di cui strutturalmente un uomo è dotato dalla nascita –, è alimentata come a priori, come punto di vista prefissato. Normalmente – anzi sempre – di questo atteggiamento non ci si rende completamente conto, non se ne ha coscienza o, almeno, non si ha compiuta coscienza critica di come esso nasca e di quale impatto abbia sul proprio modo di vedere, di parlare, di giudicare e di operare. È la «preferenza» dominante lo stato d'animo di fronte all'esistenza che fissa la concezione. La concezione del reale viene predeterminata da un comportamento; non dalla ragione, ma, eticamente, da un comportamento a partire dal quale si usa la ragione.

Così, il criterio non è più la Tradizione – memoria –, ma lo sviluppo logico di un'idea, di una percezione: la logicità dello sviluppo di un a priori, cioè un filosofare astratto. Non più la tradizione di un avvenimento vissuto, una memoria vissuta di fatti, ma lo sviluppo logico di un a priori determinato ultimamente dall'atteggiamento che un uomo moralmente, eticamente, assume di fronte al tempo e alla realtà. E tutto l'universo umano, concretamente, di fronte alla realtà ha tanti *streams*, tanti ruscelli quanti sono i singoli gruppi o, per altro verso, le singole «tradizioni» (nel senso biologico, etnico, del termine) cui «appartiene».

Resta così scoperta e messa in evidenza la prevalenza dell'etica in quanto sottolinea i valori più elementari o più «opportuni»: i valori comuni a tutti, diceva Dewey, padre e maestro riconosciuto di tutta l'educazione scolare americana (quando ha compiuto ottant'anni gli hanno dedicato una festa nazionale di due giorni). E lo diceva apertamente: dobbiamo abbandonare la ricerca o la pretesa della ricerca di un assoluto, poiché l'unico modo che ci resta per ottenere un certo ordine e una certa pace è la ricerca di punti di vista e di affermazioni facilmente comprensibili da tutti[3]. Come atteggiamento, è esattamente il contrario di quello che la Chiesa sostiene: per essa, infatti, l'etica ha la sua fonte nella verità ultima, Dio, il Mistero sorgente di tutto ciò che è, in quanto è (il «vero» ontologico). Se lo scopo cui mirava Dewey può essere comprensibile e anche patetico, la posizione che egli esprime è sorgente di un relativismo, ha bisogno di un relativismo totale.

[3] Cfr. J. Dewey, *La ricerca della certezza*, La Nuova Italia Editrice, Firenze 1966, 322.

In questa prevalenza dell'etica, in questa sottolineatura dei valori più elementari, l'Avvenimento originale non c'entra più, se non come immagine cui riferirsi, come un paragone, come un maestro interessante del passato.

Ma c'è un'osservazione importante. Il singolo uomo non può dimostrare una capacità di affrontare la totalità delle cose e dell'esistenza. Questo scopo sembra si possa e si debba raggiungere attraverso l'organizzazione di un popolo, un'organizzazione ideologicamente pensata e creata come affermazione di una logica nata da un complesso di situazioni per affermare interessi naturalmente parziali. L'organizzazione viene creata e favorita da personalità o gruppi particolari che possono conquistare il potere o rendere potere teorizzato quello che prima era una eredità familiare.

Ora, fino all'«alba incompiuta del Rinascimento»[4] – come diceva de Lubac –, la tradizione cristiana tesseva la trama della mentalità comune. L'esempio più bello ci viene da una frase di Michelangelo: «Ma che poss'io, Signor, s'a me non vieni / coll'usata ineffabil cortesia?»[5]. Michelangelo non era medievale, ma, qualunque filosofia avesse, il suo cuore era ancora sapido e commosso dal valore dell'esperienza cristiana tradizionale. All'inizio, al crepuscolo mattutino dell'Umanesimo-Rinascimento, la figura di Petrarca porta la stessa impressionante esemplificazione quando, nell'*Inno alla Vergine*, con cui finisce il *Canzoniere*, egli termina con questa strofa: «Il dí s'appressa, et [già] non pote esser

[4] H. de Lubac, *L'alba incompiuta del Rinascimento. Pico della Mirandola*, in *Opera Omnia*, vol. 29, Jaca Book, Milano 1977.
[5] Michelangelo Buonarroti, *Rime*, cit.

lunge, / sí corre il tempo et vola, / Vergine unica et sola, / e 'l cor or conscientia or morte punge. / Raccomandami al tuo Figliol, verace / homo et verace Dio / ch'accolga il mio spirto ultimo in pace»[6]. Quest'ultima parola è introdotta da un sospiro che identifica il passaggio, già iniziato, dalla chiarezza della «memoria» cristiana a una concezione più aperta verso un antico, l'antica cultura greco-latina, verso una saggezza fondata sulla «ragione», sull'istinto naturale, che identifica una traiettoria etica e un ideale della vita concreta ben diverso da quello che Michelangelo ancora documenta di avere nel cuore.

Il nascente Stato moderno ha colto fin dall'inizio che bisognava creare una mentalità diversa da quella della Chiesa, una nuova «egemonia», come avrebbe poi detto e sviluppato nella nostra epoca, più brillantemente di tutti gli altri, Gramsci.

Per questo lo Stato cercò di entrare direttamente nel processo di educazione e nella scuola e, soprattutto, sentendo la Chiesa come refrattaria a sé, cercò di colpire istituti, funzioni sociali e associazioni che incarnavano o veicolavano il contenuto proprio del messaggio cristiano.

In questo contesto, l'atteggiamento di gran parte dell'episcopato, storicamente, si è evoluto: da una chiarezza e persuasività nel gridare il valore del messaggio cristiano (funzione che è stata salvata ultimamente dal Papa), al tentativo, specie dopo il '700, di difendere la Chiesa sottolineando l'etica rispetto all'ontologia, cercando, in fondo in fondo, di mettersi d'accordo con lo Stato. Questo atteggiamento dell'episcopato aveva uno

[6] F. PETRARCA, *Il canzoniere*, CCCLXVI, vv. 131-137.

spunto, una radice buona, di amore all'affermazione cristiana, di ricerca di tranquillità sociale e di libertà per la Chiesa. Di fronte all'irrigidimento dello Stato e della società, specialmente con la Rivoluzione francese – ma anche molto prima di essa –, tutte le arterie e le vene dell'umanità erano già cariche di avversione alla fede di una religione rivelata, all'impossibile concezione di un Dio che si fa uomo, che si identifica con una creatura. La sottolineatura di valori comuni, di virtù che anche la vita civile stimava e rispettava come atteggiamenti, come leggi, rendeva allora più facile alla Chiesa mettersi in accordo con una società radicalmente cambiata, come influssi e tematiche.

La comunicazione che la Chiesa ha fatto del suo messaggio è andata così evolvendosi nel senso di una fedeltà *formale* al dogma. La comunicazione del messaggio e del contenuto dell'ontologia nuova – cioè l'annuncio che Dio si è fatto uomo e che questo avvenimento, nel senso storico del termine, continua nella storia perché quell'uomo è risorto: «Sarò con voi tutti i giorni fino alla fine del mondo»[7], ha detto Gesù –, la fedeltà al dogma in quanto porta questa ontologia diversa, inconcepibile, impensabile dalla ragione dell'uomo, diventano sempre più formali. Mi riferisco specialmente alle conseguenze della Rivoluzione francese, al periodo ad essa successivo, all'800 e soprattutto al '900, dove gli influssi della vita sociale e della mentalità comune sono apparsi più chiari e decisivi. Tutto il privilegio, come contenuto di messaggio, è stato sempre più dato ai valori morali concepiti in base alle vedute della cultura dominante. Giustamente, gli uomini di

[7] Mt 28, 20.

Chiesa si sentivano tutti trapassati di timore e tremore di fronte alla incomprensione che la mentalità comune, la forma culturale che determinava la mentalità comune, andava sviluppando contro la visione cristiana. Perciò si sono attestati su quello che gli altri potevano capire, che anche gli avversari dovevano ammettere: le virtù fondamentali, l'etica fondamentale. Ma, come la mentalità dominante, così anche i valori morali, più o meno lentamente, sono stati concepiti sotto l'influsso del potere vincente, il quale, armato dei giornali, dei mass media, «suggerendo» il crollo a determinate istituzioni e forme sociali, socialmente imponenti, si avviava verso l'egemonia: il potere dello Stato si evolveva verso l'egemonia totale.

Nel migliore dei casi, perciò, il messaggio etico della Chiesa è stato caratterizzato dalla fedeltà ai dieci comandamenti, ma come privilegio dato all'uno o all'altro di essi: un privilegio prodotto e determinato dall'epoca. Fino a un certo momento, intorno agli anni '60, nella predicazione dominavano due comandamenti: il sesto e il nono. Dopo, l'accento determinato dalla cultura dominante (tanto dominante che anche la teologia cattolica ne è stata pervasa), cioè la sensibilità che si espresse nel '68 da una parte, e clamorosamente nell'89 con l'abbattimento del muro di Berlino dall'altra, ha sottolineato e sottolinea in concreto il quinto e il settimo comandamento, e dimentica o «metamorfizza» addirittura il primo, il secondo e il decimo. Così, adesso, sotto l'impero dell'influsso dello Stato, perciò della cultura operante l'educazione del cittadino, sentiamo molto più i preti parlare della morale come «rispettare il semaforo» che neanche della morale come dire: «Gesù, Gesù, aiutami Tu».

La ricerca continua di una intesa tra le due istituzioni, Chiesa e Stato, ha finito con il caratterizzare perfino la nascita e l'evolversi dell'associazionismo cattolico, anche quello ispirato o accettato dalla gerarchia, che di fatto ha aperto nel tempo tutto il varco possibile alla vittoria del potere statale, perché la cultura dominante è sempre decisa, le viene sempre data forma dal potere (così, per esempio, tanto associazionismo cattolico ha concepito e attuato una «scelta religiosa», separando il problema religioso dall'esistenza della storia, separando addirittura la fede dall'obbedienza al Papa).

Ora, lo Stato, trovandosi davanti uno spazio così libero dalla resistenza al suo moto, vi è entrato di gran carriera, prendendosi in mano gli strumenti per ottenere i suoi risultati, vale a dire i mass media, le scuole, i giornali. Da un certo punto di vista, prima la stampa, e in epoca più recente la televisione, poi la scuola. Il potere dello Stato, infatti, per la supponenza liberale e per la fiducia nella propria ricchezza e nel proprio potere da parte dei ricchi, dapprima si è interessato della scuola con molta bonomia, con una certa libertà: lasciava una certa libertà, tollerata più che affermata come principio. Allora il problema si è conficcato nella responsabilità della famiglia. Chi aveva una passione per l'educazione cristianamente data si è concentrato sulla famiglia. Ma oggi nemmeno questo è più possibile. Nel momento in cui lo Stato, come pretendono alcuni, vuole gestire tutta l'educazione, l'attacco a ciò che limita il suo potere raggiunge il massimo livello: qualsiasi esperienza educativa che pretenda di intervenire al di fuori di tale progetto deve essere eliminata.

Ho voluto così accennare, sia pur rapidamente, alla

rilevanza della circostanza in cui Dio ci mette a vivere la missione, cioè la fede che ci ha dato e la missione a essa inerente (ché il contenuto della fede è riconoscere Cristo presente fino alla possibilità di annunciarlo al mondo, riconoscerlo come dono che Dio ci dà per renderci capaci di annunciarlo al mondo); e, d'altra parte, ho accennato anche all'impaccio che chi vive la missione con passione ora deve provare: senza scandalizzarsi, deve vivere drammaticamente l'apparente incomprensione o insensibilità che anche gran parte dell'ambiente cattolico ufficiale porta a chi entra nell'agone con baldanza e con coraggio.

2. *Tutto ricomincia dall'io*

Il nostro è un momento tragico (forse, più che tragico bisognerebbe dire drammatico): è in gioco, infatti, la cosa più grande che sia penetrata nella storia dell'uomo e che ha come fine la salvezza di tutti gli uomini; essa non può non stare alla radice anche di una speranza di società più equilibrata e tranquilla, più carica di senso della persona e di ragionevolezza del comportamento e delle decisioni, di capacità di perdono e di misericordia, senza cui non si può vivere che male (cosa di cui, purtroppo, noi siamo testimoni in questi anni).

In questo momento, che cosa rimane, che cosa può rimanere come sorgente di libertà reale? Di «libertà reale», perché ciò contro cui va questo strapotere del potere, lo strapotere inerente a ogni potere, in qualsiasi campo, è proprio la libertà, vale a dire ciò che Dio ha creato come suprema caratteristica del soggetto umano «capace» di riconoscerLo come il «Dio che è tutto in tutto»[8]. Che cosa può rimanere come sorgente di libertà reale? L'individuo, la *persona*.

Ho capito questo in modo nuovo nel giugno dell'anno scorso quando, sollecitato dal mio limite fisico, mi sono trovato a ripetere la frase del Salmo 8: «Che è mai l'uomo perché te ne ricordi, il figlio dell'uomo perché te ne curi?»[9]. Se l'uomo fosse solo materia, secondo qualsivoglia accezione filosofica dominante oggi, finirebbe tutto in corruzione. Dante che scrive la *Divina Commedia* e Beethoven che compone la *Nona Sinfonia* finirebbero in polvere e poi in niente.

Lo dicevo a me stesso come fosse la prima volta che mi ponevo il problema dell'anima e del corpo. E mi sono chiesto: «Ma cos'è allora questa mia realtà? Perché io non mi rassegno, sento indebita, non vera questa eliminazione di qualcosa, questo definire la sostanza di una cosa non secondo tutti i suoi fattori, anzi secondo i fattori più nefasti della esistenza della cosa stessa?». *Corpus quod corrumpitur aggravat animam*[10], dice la Bibbia: il corpo che si corrompe grava, pesa sull'anima. Ma soprattutto per me stesso dicevo: «Non è possibile che io finisca così! Che cosa c'è oltre questa fisicità corruttibile? In fondo, che cos'è questa mia – mia! – realtà? Che cosa c'è in essa per cui non accetterei mai che Dante e Beethoven nella loro produzione diventassero polvere e poi niente?». L'*io*.

Ma da che parte si trova? Se si potesse fare un'analisi scientifica di tutto l'uomo, di tutte le sue cellule a una a una, e collocarle lì in visione per i visitatori, l'io non si troverebbe. Dal punto di vista quantitativo e materia-

[8] 1 Cor 15, 28.
[9] Sal 8, 5.
[10] Sap 9, 15.

le l'io non si troverebbe. Infatti, l'io è rapporto con l'Infinito, con l'Essere, e basta. Non c'è nient'altro da dire: l'io è questo superamento di tutto ciò che lo «contesta», nel senso di «collabora con esso». È come se l'io prendesse in mano l'infinita varietà delle cose particolari e le rifondesse secondo la potenza dell'esigenza dell'Infinito di cui esso è totalmente formato, da cui è definito.

Il problema dunque è l'io, la persona. Ciò non è in contraddizione con l'associazione o con il tipo di gente in cui confidare per la forza da avere. Ma è che la forza dell'associazione, la forza della Chiesa, la forza della convivenza civile, questa forza è la persona. E la forza della persona è la coscienza di ciò che essa è e dell'ideale per cui deve usare ciò che è e tutto ciò in cui si imbatte. Infatti, l'io è, se opera: coscienza dell'essere e coscienza dell'operare.

Non è una contraddizione, ma casomai un paradosso. Non si può eliminare uno dei due termini (l'io o la convivenza) esaurendo nell'uno il significato dell'altro. Non si capisce «come» possa sussistere questo rapporto dell'io con l'Infinito, questa esigenza di rapporto con l'Infinito: esigenza di amore, di verità, di bellezza, di giustizia, di felicità. Ma non c'è uomo che non vibri a questo richiamo. Magari ci vorrà molto tempo per attraversare tutte le sedimentazioni, ma queste esigenze sono innegabili, sono il «cuore» dell'uomo, secondo la Bibbia e secondo il detto del nostro discorso.

L'io come libertà

Parliamo allora della *libertà* come *ultima Thule* di uno sguardo all'essenzialità dell'io. Specialmente in questi tempi mi veniva in mente che ciò spiega perché il nostro movimento è cresciuto senza nessun programma, senza nessun progetto e senza nessuna pretesa: è cresciuto dal niente. L'ultimo pensiero era che la settimana dopo si potesse vivere ancora, ci fossimo ancora. Siamo nati con questa, non dico umiltà, ma senso realistico della nostra pochezza. Quando un professore ha detto di noi, recentemente, in una Commissione parlamentare italiana: «Bisognerebbe eliminarli tutti», mi ha fatto venire in mente quello che ho sentito dire io nel 1975. Suona il telefono, eravamo a Milano in via Ariosto, alzo la cornetta e sento due che già parlano; taccio e ascolto uno che dice: «Questi ragazzi di Gs, come dicono, bisogna ammazzarli tutti!». 1975, 1997, tale e quale! E, magari, chi parlò allora e l'individuo che ha parlato ora sono «democratici», appartenenti a partiti democratici di allora e di ora. Un partito democratico tollera: la «tolleranza» è fondamentale per un partito democratico, e soprattutto il «dialogo», come si diceva trent'anni fa. La «tolleranza» di tutto ciò che si può omologare! Perciò gli unici a essere perseguiti potremmo essere noi, perché tutto il resto è omologabile dallo Stato come sorgente di potere.

L'uomo *è* la sua libertà. Gramsci diceva che il potere vuole comunque stare al potere. Il problema del potere è come rimanere al potere e egemonizzare sempre di più tutta la società. Qualsiasi concezione è omologabile dallo Stato, salvo la concezione cristiana dell'uomo, che è diversa da tutte le altre: l'uomo *è* la sua libertà. Chi vede la libertà come essenza dell'uomo siamo solo noi; non «noi cristiani», ma «noi», figli della Chiesa.

Ma che cos'è la libertà?

La pretesa dello Stato, nel momento in cui sono crollati tutti gli «ismi», ne fa venire a galla la concezione dominante, che in fondo è affermazione del *carpe diem*: vivi l'oggi, afferra quello che ti possono dare le circostanze. Il *carpe diem* è affermato come ideale di vita, si tratti del giovane *viveur* o del grande senatore a vita, filosofo e scrittore: sono *carpe diem* ben diversi come contenuto, ma la formula è utilizzabile per entrambi.

Quando la vita supera e schianta il *carpe diem* nella sua inesorabile limitatezza? Quando è riconosciuta come «concepita» da un altro fattore in cui è il vero potere, quando è in nesso con questo fattore supremo, quando è concepita come riconoscimento di questo fattore, dominata, determinata, governata, posseduta da un *altro fattore*. Fino a un certo punto non possiamo che usare queste parole approssimative. Il riconoscimento di tale fattore supremo, oltre e altro, così «altro» da essere identificabile come «oltre» ciò che è sperimentabile adeguatamente dall'uomo, è dell'io, non è dello Stato. La libertà è riconoscere che siamo di un Altro.

L'unico modo che l'uomo ha per partecipare al Dio, all'Essere, è riconoscere che «tutto ciò che è» è l'Altro, un Altro che è Presente. La libertà è la grande questione del rapporto tra l'Essere, Dio che è «tutto in tutto»[11], e la creatura, l'essere «partecipato». Il grande problema è l'io come libertà: qui è il vero mistero. Il resto si può non capire, ma alla ragione nella sua apertura originale, non soffocata dal presuntuoso pregiudizio, è evidente che Dio è tutto – e se Dio è Mistero, tutto è misterioso. Ma c'è una cosa che si impone come una realtà che sembra sfuggire a Dio: la libertà dell'uomo. All'Essere come tale non si può aggiungere né togliere niente; ma la libertà sembra sottrarre qualcosa al

[11] Cfr. 1 Cor 15, 28.

Mistero, all'Essere, a Dio. Se pensiamo che è Dio stesso che l'ha creata, la libertà! Dio ha fatto partecipare la sua creatura a Sé, ha concepito la sua creatura come «capacità» di rapporto con Sé, ha voluto essere riconosciuto da una creatura. Così, se l'Essere è tutto, la libertà è riconoscere che Dio è tutto. E la libertà è la vertigine dell'io. Ed è un amore, non una scelta; la scelta è una specificazione, una condensazione provvisoria e passeggera, in divenire, della libertà.

L'io come amicizia originale

L'io umano, fatto a immagine e somiglianza di Dio, riflette originalmente il mistero dell'Essere proprio nel dinamismo della libertà, la cui legge è l'amore. E il dinamismo in cui si gioca questo amore non può essere indicato e definito se non da una parola: *amicizia*. Se Dio mi dà la vita, se il Creatore mi dà l'essere, accettare questo è la sostanziale forma dell'amicizia, da cui deriva la capacità di stabilire tutti gli altri legami, perché, da questo punto di vista, tutti gli altri legami sono veri se sono, in modo gerarchico, amicizia. Perciò, l'io si definisce in divenire giusto, nella giustezza del suo cammino come divenire, se la fondamentale forma dell'amicizia, il fondamentale momento dell'amicizia è affermato, è coscientemente riconosciuto. La creatura che accetta che Dio l'abbia creata, l'accettarsi in quanto creati, proprio come creati, è la prima amicizia. Così, in un Tu si dispiega l'io, incontenibile, indistruttibile, immortale. «Tu» è la parola che si trova al vertice del rapporto tra l'io creato, l'essere partecipato, e l'Essere come insondabile mistero riconosciuto, accettato, cui io sono disponibile, nel quale qualsiasi cosa venga permessa o lasciata accadere nella mia vita ha un senso positivo, paradossalmente affermabile anche con la morte.

La tentazione più grande, psicologicamente parlando più diffusa, in chiunque, a qualunque livello, è quella di Geremia e Giobbe: «Non fossi mai nato!»[12]. Invece è il contrario! Da vecchi si capisce anche quello che non si era mai capito, si diventa cioè più giovani: si capisce che esistere è un bene in sé, evidente per immediatezza naturale, come è per un bambino. La non accettazione è solo un «contro» e basta, perciò è violenza; tutta la violenza ha questa radice, originalmente. La non accettazione è l'introduzione nel gesto di Dio come dato, come dono, che dà la vita come dono, di una violenza, è l'intromissione di un corpo estraneo, implica il riconoscimento di un corpo estraneo, di un fattore estraneo all'esperienza, vale a dire all'emergere di quello che siamo. Non amiamo noi stessi se pretendiamo di riconoscere come fattore determinante il significato del nostro vivere qualcosa che si introduce dal di fuori dell'esperienza: un corpo, un fattore estraneo all'esperienza, all'emergere di quello che siamo (perché quello che siamo è fatto di riconoscimento e di accettazione). È chiaro, come diceva san Giacomo, che anche i demoni credono in Dio, ma lo temono e basta[13]. Anche chi è contro Dio, tanto da negare la bontà della creazione in Lui, riconosce che Dio è tutto in tutto, altrimenti non sarebbe Dio, perché l'Essere è tutto di tutto ciò che è, in tutto ciò che è.

[12] Cfr. Gb 10, 18; Ger 20, 14.
[13] Cfr. Gc 2, 19.

3. La permanenza della libertà: l'avvenimento di un incontro

Ma come l'io può permanere come libertà e amicizia con l'Essere, senza cedere alla presunzione della sua misura e alla delusione disperata? Come fa l'io a vivere il rapporto con la realtà, persone e cose, in questa positività di sguardo che diventa, in ogni azione, domanda di essere?

È importante capire quello che Gesù diceva agli apostoli parlando del matrimonio, del rapporto tra l'uomo e la donna: l'uomo non è capace di realizzarlo, perché è incapace di una permanenza dell'amore[14]. Ma ciò che è impossibile all'uomo non è impossibile a Dio. Per questo Dio ci ha raggiunti. Ci ha raggiunti come avvenimento di un incontro, come presenza umana a cui Egli stesso ha dato il nome di compagnia, come coinvolgimento concreto, reale, fisico, implicante tempo e spazio, con noi. «Dio nessuno lo ha mai visto – dice il Vangelo di Giovanni – il Figlio Unigenito che esce dal seno del Padre, questi ce lo ha narrato»[15]: Dio fatto uomo, alleanza definitiva di Dio con l'uomo, Gesù. Ciò che è definitivo definisce il volto, perciò la mia persona, la mia natura, la mia personalità: io sono definito dal rapporto con questa Presenza definitiva.

Noi mettiamo al centro della nostra vita questa Presenza che spiega tutto, che è all'origine di tutto quello che siamo e che facciamo, dentro la nostra autocoscienza e il nostro agire. E questa Presenza è

[14] Cfr. Mt 19, 3 ss.
[15] Cfr. Gv 1, 18.

proprio l'uomo Gesù, nato da una donna. È significativo che lo shock più grande che, incontrando la nostra esperienza, un grande teologo ha avuto sia stato di accorgersi che, metodologicamente, gli mancava una partenza dall'umanità di Cristo: l'umanità di Cristo non come punto d'arrivo, nel senso di conseguenza o frutto, ma realmente come il metodo insostituibile, la partenza, per conoscere Dio – cioè il significato, la struttura del proprio io, il proprio volto[16], il senso della vita, la perfezione che illumina come faro il nostro muoverci.

L'Avvenimento che è avvenimento più di qualsiasi altro, l'avvenimento *kat'exochén*, è Dio che si è fatto uomo. Questo uomo è risuscitato dai morti e quindi è presente a ogni tempo e spazio. Il tempo e lo spazio sono, per noi uomini, occasione di novità, ma anche limite inevitabile: se io sono qui non posso essere con i miei amici che stanno a Caltagirone. Ma tempo e spazio non sono più suoi limiti, perché è risorto dalla morte. La morte è l'estrema conseguenza dei nostri limiti, ne è la realizzazione esasperante. Un uomo risorto vince il tempo e lo spazio, in quanto è superiore a essi; il tempo e lo spazio per Lui non sono più limiti; e perciò come fu, così è: come a Nazareth, così ora, dove io sono.

Noi mettiamo al centro della nostra vita questa Presenza: l'uomo Gesù, nato da una donna di quindicidiciassette anni, a Nazareth, quel buco della Palestina che nessuno conosceva, vissuto là. L'umanità di Cristo è il punto di partenza.

L'Avvenimento è Dio che si è fatto uomo: quest'uomo

[16] Cfr. L. GIUSSANI, *Alla ricerca del volto umano*, cit., 48 ss.

è risuscitato dai morti ed è presente in ogni tempo e in ogni spazio in quanto diventa presente attraverso la mia presenza, la nostra presenza. Sono stato chiamato, scelto; sono stato fatto nascere e sono stato scelto, per essere partecipe, attore della Sua presenza.

Il Battesimo

La scelta che definisce il nostro io, il nostro volto, il nuovo ed eterno volto di ognuno di noi, è un gesto: questa scelta di me come partecipe della Sua presenza oggi nel mondo è il *Battesimo.* È un fatto talmente reale che è descrivibile in tutta la sua esteriorità, ha una data precisa, ci ha investito anche fisicamente in un momento determinato. Sembra una cosa assolutamente insignificante come dignità e come efficienza: invece il Battesimo è il crearsi di un protagonista nuovo nella storia dell'umanità. Afferrato da Cristo, l'uomo battezzato diventa partecipe del protagonismo nuovo nella storia, il cui senso è Dio fatto uomo, cioè questo uomo che è Dio.

Che cosa implica la partecipazione della mia persona al mistero di Cristo operante nel Battesimo? «Chiunque è battezzato è immedesimato con Cristo, tanto che non esiste più né giudeo né greco, né schiavo né libero, né uomo né donna, ma tutti voi siete uno, *eis*, una persona sola in Cristo Gesù»[17]. Questa è una realtà ontologica, qui si afferma una ontologia nuova. E non possiamo meravigliarci che il Mistero sia capace di comunicarsi nel modo che vuole!

[17] Cfr. Gal 3, 27-28.

Compagnia come dimora dell'io

«Tutti voi siete uno, *eis*, una persona sola»: è una unità umanamente inconcepibile, il sorgere di una *compagnia* umana la cui unica ragione di esistenza è la Sua presenza. È una compagnia di uomini che ultimamente sono insieme, per dire il motivo esauriente, adeguato, perché c'è Cristo presente. La compagnia umana che è luogo della Sua permanenza nel tempo e nello spazio è chiamata da san Paolo «il Suo corpo misterioso»[18]: è una realtà umana nuova in cui è presente il mistero di Cristo. È una realtà naturale in cui è presente il mistero di Cristo; «naturale» nel senso che si dimostra e si specifica come volto umano, ma ha dentro qualcosa di più grande. Il sacramento è un segno la cui fisionomia esterna è descrivibile e comprensibile (pane e vino), ma quello che ha dentro è Ciò che si proclama essere sua definizione: l'Eucarestia è partecipare al corpo e al sangue di Cristo, è mangiare e bere il corpo e il sangue di Cristo – «Se non mangerete la mia carne, non entrerete nel Regno dei Cieli», dice esattamente Gesù, nel sesto capitolo del Vangelo di san Giovanni[19].

La realtà umana nuova in cui è presente il mistero di Cristo è la Chiesa che emerge accanto a me; è emersa accanto a me con mio padre e mia madre, in seminario, quando ho incontrato persone attente e amiche perché dicevo certe cose, quando, infine, mi sono trovato in una compagnia che rendeva e che rende immediato per me il mistero di Cristo nella Chiesa. Questa

[18] Cfr. Ef 5, 29-32.
[19] Cfr. Gv 6, 53.

compagnia è per ciascuno di noi la *dimora* in cui il nostro io parte per attuarsi nel rapporto che deve avere con tutta la realtà.

Il concetto di dimora dice che non vi può essere attuazione dell'io, non vi può essere io in quanto esistente e maturo, destinato alla maturità, se non nella grande ipotesi educativa che Dio prevede facendolo nascere, che è la compagnia cui Dio lo assegna: la famiglia e i modi in cui questa dimora si svela e si traduce in atto. Nella sua complessità e comprensività totale, tale dimora è la Chiesa.

Qualsiasi «movimento» è per assicurare la maturità dell'io e ha come scopo la sua realizzazione. La primissima missione, che sta all'origine di ogni cosa creata, è infatti la missione sull'io stesso ed è data da un ambito in cui Gesù lo colloca. Perciò, in un determinato ambito, due sono gli scopi che Gesù persegue.

Il primo è la creazione dell'io come seme, come origine di una creatura nuova (Battesimo), alla quale è dato il compito, tra l'altro, di animare tutto il resto della creazione. Ne ho trovato un'impressionante conferma in un articolo di Marco Bersanelli[20] in cui parlando del cosmo in dilatazione si evidenzia – finora è impossibile non dirlo – che questo universo sarebbe stato fatto in funzione dell'emergenza dell'io, perché potesse insorgere, nel misterioso essere delle cose, nel cosmo immenso e nello stesso tempo finito, quel punto che si chiama «io». Tutto il cosmo diventa cosciente di sé, capisce quel che è e quello cui è destinato in questo punto che è l'io, l'uomo.

[20] Cfr. M. BERSANELLI, *Un ambiente ospitale*, in «Litterae Communionis – Tracce», 3 (1997), 50 s.

Se, in un determinato ambito, il primo scopo che Gesù persegue è la creazione dell'io nuovo col Battesimo, il secondo è la sua maturazione. La dimora dell'io – famiglia, realtà sociale emergente *in fieri*, movimento umano, popolo e nazione, Chiesa e ciò che è destinato a essere Chiesa, cioè tutta l'umanità – ha come secondo scopo la maturazione di questo io. Gesù colloca questo seme, cui Egli ha dato vita e forma, in un ambito, in un ambiente, in un *hic et nunc* (un ambiente è un *hic et nunc*), attraverso cui intende maturarne lo svolgimento, così che l'io prenda coscienza di sé e aiuti Gesù nella novità che rappresenta ogni istante della storia, aiuti Gesù nella misteriosa gloria per cui il Padre l'ha mandato.

Ciò che ha fatto diventare l'ideale il denominatore sempre più normale di tutte le mie azioni, ciò che mi ha reso consapevole del mio destino, ma innanzitutto della mia origine, di dove fosse la mia consistenza, ciò che me l'ha fatto diventare un sentimento della vita normale – così che essere vivo coincide con l'essere in quell'atteggiamento –, è stata la famiglia, poi il seminario, poi il movimento. E il movimento ho incominciato a sentirlo quando iniziavo a parlare: non era una cosa difficile, era una cosa imponente.

Poi, dal movimento, la scoperta della identità tra questi tre luoghi: la vita della Chiesa. Il movimento era la modalità con cui Dio mi offriva il suo dono supremo che è il suo Corpo misterioso nel mondo e metteva come orizzonte implicito in ogni mia azione l'orizzonte del mondo.

Perciò, famiglia, seminario, movimento, Chiesa sono luoghi generatori di una vita come amicizia. L'amicizia è un reciproco dono che nasce come conseguenza dell'amore al destino dell'altro: amore cosciente o incosciente, espresso bene o espresso comunque. La prima amicizia è il Destino stesso che si dà all'uomo: si dà all'uomo creandolo. Accettare di essere creati è la fondamentale formula dell'amicizia.

Il muoversi dell'io, il muoversi umano, è per sua natura amicizia, altrimenti non è veramente umano (sarebbe come una macchina a cui mancasse un pezzo fondamentale). L'amicizia ha il suo valore originale nella partecipazione alla natura di Dio in quanto Trinità. La Trinità è una realtà che l'uomo non può immaginarsi, non può reperire con la sua indagine, ma di cui Gesù ha reso possibile la conoscenza. La Trinità è l'amicizia come natura di Dio. Nella sua dinamicità, l'amore tra il Padre, il Figlio e lo Spirito è il fondamento dell'amicizia, che sta all'origine e costituisce tutti i rapporti tra le persone umane.

Missione

Siamo battezzati, resi protagonisti della storia, per compiere una *missione*, la missione di Gesù: rendere presente l'avvenimento di Dio fatto uomo dovunque, dove siamo. Che a Novosibirsk, in quella università di 25.000 iscritti, si senta parlare Julián Carrón della storicità dei Vangeli, con l'attenzione di tutto il corpo dei professori, ma soprattutto che là vi sia un iniziale gruppo di Cl e che una di loro, durante un raduno, si metta a recitare in russo l'Inno *Alla sua donna*[21] di Leopardi – perché anche i particolari storici per la

[21] G. Leopardi, *Alla sua donna*, in *Cara beltà...*, Rizzoli Bur, Milano 1996, 53 ss.

memoria sono importanti! – e poi *Atto d'amore* di Ada Negri[22]; che un'altra giovanissima ragazza, Julia, di Karaganda, nel Kazakstan, da appena sette mesi con noi, scriva una lettera[23] che pochi avrebbero saputo scrivere, queste sono cose dell'altro mondo! Quella ragazza, dovunque vada, si porta addosso l'incontro fatto, ciò per cui è stata fatta nascere e rinascere.

Questo è il punto che ci deve animare, rianimare, confortare e rendere sicuri in tutto quello che facciamo: la missione è la vocazione per cui ci è data la vita. L'Essere, comunicandoci una partecipazione a Sé, creandoci, ci dà come compito, come dovere, come legge, come morale, la testimonianza a Lui. Ché se l'Essere è diventato uomo, *questo* è il problema fondamentale. Il Mistero si è fatto uomo, Gesù Cristo, l'inviato del Padre. Il Signore unico, il Mistero che fa tutte le cose e tutto il tempo in cui le cose esistono, sussistono, attraverso Gesù – uomo da Lui scelto in modo tale da farlo partecipe immediatamente della sua natura divina, della natura del Mistero stesso – diventa a noi familiare. Attraverso Gesù, un uomo nato da donna.

Rivelare, annunciare, gridare che Dio si è fatto uomo, che ha un nome preciso, Gesù di Nazareth, farlo sapere a tutto il mondo attraverso la testimonianza là dove uno vive o dove Dio lo manderà domani, questo caratterizza il nostro carisma. Il genio del carisma che ci è stato dato non si ferma all'indagine meditabonda, alla Laurentius Eremita («Mi fu detto: "Tutto deve essere accolto senza parole e santificato nel silenzio". Allora

[22] A. Negri, *Atto d'amore*, in *Mia giovinezza*, Rizzoli Bur, Milano 1995, 70 ss.
[23] Cfr. *Ai grandi che ci sanno parlare, ai piccoli che ci sanno ascoltare*, in «Litterae Communionis – Tracce», 3 (1997), 27.

compresi che tutta la vita sarebbe trascorsa nel rendermi conto di quello che mi era accaduto, e la Tua parola mi riempie di silenzio»). Non è che noi non siamo soggetti del fatto che tutta la vita ci è stata data perché ci rendiamo sempre più conto di quanto ci è accaduto, ma il nostro carisma è metodo per dire il contenuto primo della missione, per dire che Gesù è il Verbo di Dio, che ha assunto in Sé un uomo, lo ha creato dentro il mistero della Trinità: un Uomo! È il metodo che il Mistero ha seguito. Il Mistero, per comunicarsi, per farsi conoscere in quello che ha voluto farci conoscere, ha usato la nostra umanità, un uomo come noi. Attraverso questo uomo, noi conosciamo il Padre.

«Ma lei parte?». «Sì, parto, ma starò via per poco. Starò via solo quindici giorni». «Quindici giorni senza che io possa venire qui in laboratorio col desiderio di vedere la letizia della sua faccia!». Così ha detto a una nostra ragazza uno scienziato americano, che lavora nel suo stesso Dipartimento: non aveva mai parlato con lui, anzi lo sentiva un po' estraneo, e lui le ha detto così. Mi ha fatto ripensare alla frase della Liturgia: «Renderò nota la forza del mio potere sul mondo dalla letizia dei loro volti»[24]. Quella ragazza è il polo di attrazione di tutti coloro che lavorano con lei. Stimandola molto, il capo del Dipartimento l'ha chiamata e le ha detto: «Io sono molto interessato a lei per il suo modo di vivere: ma questo modo di vita dov'è, dove l'attinge?». Questo è il problema del carisma, questo rende evidente perché noi, col nostro movimento, corrispondiamo a un carisma.

[24] Cfr. Confrattorio della IV domenica d'Avvento ambrosiano, in *Messale Ambrosiano. Dall'Avvento al Sabato Santo*, Ind. Grafiche Successori Besozzi, Milano 1942, 78.

4. *Ecumenismo*

La novità sta solo nell'avvenimento di un incontro con persone la cui umanità si presenta come più vera e affascinante: un incontro nel quale le parole del Santo Vangelo trovano già una documentazione concreta nel cambiamento, nella diversità di vita di chi le pronuncia. È un incontro in cui è abbracciata e condivisa la propria esperienza. Chi è lanciato nella missione abbraccia tutte le persone, condivide l'esperienza di chiunque incontri: è una passione reale al destino delle singole persone, è un amore a tutto ciò che c'è di vero in chiunque.

Per questo, *ecumenismo* è la parola capitale, la chiave di volta, culturalmente, in questo momento dello sviluppo della nostra coscienza. Occorre ben capire il significato e il valore di una tale parola a fronte della riduzione operata oggi dalla mentalità dominante.

L'ecumenismo documenta la decisività dell'amore a Dio rivelatosi in Cristo, come verità, come sorgente di certezza totale e di speranza: di una speranza nuova, che non è sottesa dall'interrogativo drammatico, anzi tragico, del vuoto (alla Bloch), ma è affermazione di una certezza che dal presente sfida tutto il futuro, in qualsiasi situazione. La speranza è una certezza nel futuro poggiata su una realtà presente, su una Presenza.

Con la parola ecumenismo si vuole indicare che lo sguardo cristiano è vibrante di un impeto capace di esaltare tutto il bene che c'è in tutto ciò che si incontra, in quanto lo riconosce come partecipe di quel disegno la cui attuazione si è rivelata in Cristo e il cui compimento finale inizia nella storia nel Suo Corpo misterioso. Infatti, per esaltare il bene che è in un altro, devo amare il bene proprio in quanto corrisponde alla verità di Cristo che riconosco. Questa è la ragione del perdono cristiano. Il mondo è stato conquistato al cristianesimo ultimamente da questa parola riassuntiva: misericordia, che si esprime come sensibilità al bene, come certezza che il bene vince per la forza di Cristo. «Ti amo, Dio, mia forza»[25]; «Di tutto sono capace in Colui nel quale è la mia forza»[26].

L'ecumenismo parte dall'avvenimento di Cristo, che è l'avvenimento della verità di tutto ciò che è, di tutto il tempo, di tutto lo spazio, della storia. Cristo è l'avvenimento della verità nel mondo: «Il Verbo si è fatto carne»[27], la verità si è fatta presenza umana nella storia e resta nel presente. Questa Presenza investe, tende a investire tutta la realtà. Dove c'è coscienza chiara della verità suprema che è il volto di Cristo, nel guardare tutto ciò che si incontra si rivela qualcosa di buono, perché Cristo è la consistenza di tutto[28]. L'ecumenismo non è, allora, una tolleranza generica che lascia ancora estraneo l'altro, ma è un amore alla verità che è presente, fosse anche per un frammento, in chiunque.

Ogni volta che il cristiano incontra una realtà nuova, l'abborda positivamente, perché essa ha qualche riverbero di Cristo, qualche riverbero della verità che è Cristo. Nulla è escluso da questo abbraccio positivo. C'è dunque un'unica sorgente di sguardo positivo a tutto ciò che c'è, a tutti i rapporti. Chi invece è attaccato a una identificazione parziale, alla «sua» verità, non può non stare di fronte a tutto difendendo quello che egli dice, a meno che sia completamente scettico o nichilista.

[25] Sal 18, 2.
[26] Fil 4, 13.
[27] Gv 1, 14.
[28] Cfr. Col 1, 17.

Spesso coloro che guidano i popoli e hanno responsabilità a vario titolo, se sono pieni di buon senso, favoriscono un certo «ecumenismo», perché hanno il terrore della guerra e della violenza, che nascono inevitabilmente se uno afferma solo se stesso. Così sembra che il mettersi insieme, tentando di rispettare ognuno il volto dell'altro, possa rappresentare la realizzazione dell'ecumenismo pacifico, della pace. Ma questa non è pace, è un equivoco. Essa, infatti, risulta essere nel migliore dei casi tolleranza, cioè, radicalmente, potenziale indifferenza. Come di solito è conclamato adesso, il termine «ecumenismo» sembra indicare l'espressione migliore della buona volontà di chi è buono di cuore ed è al comando della gente, si tratti di capi religiosi o politici.

Questo «ecumenismo», inteso come confraternita dei vari tentativi filantropici per costruire il mondo, si rivela come il principale nemico dell'identità cristiana. Esso è, infatti, nel migliore dei casi, un tentativo di tolleranza dove ognuno è attento ai suoi interessi e degli altri prende solo ciò che gli conviene. Ma se non si assecondano che i propri interessi particolari, si finisce per guardare gli altri come potenziali nemici da cui difendersi: quando è in gioco ciò che più interessa, si cessa di fatto di essere tolleranti. E la tolleranza si riduce ad affermare cinicamente che «tutto» deve poter esistere nella società. Di fatto è questa la posizione di chi ha il potere in mano ora. Teoricamente si è tolleranti, ma poi si impostano le cose in modo tale che quello che non si vuole che si pensi o si faccia di fatto non si può né pensare né fare. Oppure vi è la macabra posizione dell'intellettuale, del filosofo o dell'artista, che è disinteressato praticamente a tutto: giudica nulla, apparenza effimera, tutto ciò che c'è, salvo quello che egli cerca, che egli vede come soddisfacente, che persegue nella affermazione di un particolare. È questa posizione la sede originante ultimamente il nichilismo teorizzato. O l'indifferenza o una situazione che dia il potere a me, assicuri o sia d'accordo con il potere che io ho preso: solo in questo si traduce la tolleranza.

Una società pluralistica implica inevitabilmente che l'uomo, nel rapporto con tutto, veicoli in sé una speranza certa; e ciò, astrattamente, teoricamente, a priori, è proprio della natura della ragione, del cuore dell'uomo. Ma appena quest'impeto si muove, applicandosi al tempo e allo spazio, dopo un millesimo di millimetro crolla, perché la certezza della speranza tende a identificarsi con qualcosa che l'uomo già possiede: è la logica del *carpe diem*. La certezza della speranza come futuro tende a identificarsi con qualcosa che si ha già in mano, tanto l'uomo ha bisogno, per sperare, di poggiarsi su qualcosa di presente.

La certezza della speranza cristiana, invece, non esclude niente e nessuno, non giudica nessuno («Non giudico nessuno, neanche me stesso»[29], dice san Paolo). Il cristiano non «tollera», ama ciò che incontra, proprio perché lo guarda secondo il suo destino. Perciò sa tollerare veramente chiunque, nel senso che lo ama. Amare vuol dire riconoscere ciò che è giusto, per il destino, e perciò valorizzarlo, come i denti bianchi della carcassa del cane marcio (di cui parla un noto *agraphon*[30]): l'unico punto difendibile sono i denti, e Gesù del cane dice solo quello.

[29] 1 Cor 4, 3.
[30] Cfr. *The Unwritten Gospel. Ana and Agrapha of Jesus*, Allen and Unwin Ltd, London 1925, 84.

Nell'orizzonte d'esperienza del rapporto con tutti si tratta di riconoscere l'emergenza e l'imponenza del particolare difendibile su tutta la nefandezza ed estraneità. È, ultimamente, la pietà: l'amore per l'altro, che afferma la speranza che il destino arrivi fino a lui, che la misericordia lo salvi. La volontà di salvezza di tutta l'umanità è proprio la volontà di Dio. Dice san Paolo: «Dio vuole che tutti gli uomini siano salvi»[31]. Non possiamo farlo diventare matematica, dirlo con la nostra mentalità inevitabilmente quantitativa. D'altra parte, non possiamo non dire che la positività ultima con cui l'Essere ha fatto l'essere partecipato è in qualunque essere partecipato.

Anche quando tutto il mondo diventasse una tempesta contro di noi e fossimo ridotti a dodici nella grande tempesta della conflagrazione ultima del cosmo, Cristo vince. Quando anche noi dodici fossimo lì per essere ammazzati, perché il potere è tutto contro di noi, Cristo viene e vince il potere (o l'anticristo).

Questa è l'unica lettura che dia senso alla storia per l'uomo cristiano. L'unico uomo che può dire qualcosa di vero come già sperimentabile, come presentimento, come programma, come progetto, è l'uomo cristiano, perché come albore la salvezza incomincia a essere parte della sua esperienza, del suo presente, attraverso il cambiamento del suo atteggiamento, della sua persona, del suo modo di rapporto. Gli altri si abbandonano a fantasie senza alcun rilievo sulla vita concreta, eccetto una violenza che, quando se ne ha il potere e la forza, travolge[32].

[31] 1 Tm 2, 4.
[32] Cfr. Ger 14, 9.

L'Essere, l'Origine di tutto, è di tutti i giorni: con Gesù si presenta tutti i giorni come compagno di cammino. Come dice il versetto di Geremia: «Tu sei in mezzo a noi e noi siamo chiamati con il Tuo nome: non abbandonarci, Dio nostro»[33].

Se uno ha scoperto la verità reale, Cristo, avanza tranquillo in ogni tipo di incontro, sicuro di trovare in ognuno una parte di sé. Se ha la verità, se la verità lo possiede, in qualsiasi altra persona egli trova una parte di sé. L'ecumenicità cattolica è aperta verso tutti e tutto, fino alle sfumature ultime, pronta a esaltare con tutta la generosità immaginabile ciò che ha anche una lontana affinità col vero, ma è intransigente sulla equivocità possibile.

L'ecumenismo vero scopre sempre cose nuove, così che non c'è mai una totale ripetizione: si è trascinati da un totalizzante stupore del bello. E dalla bellezza nascono continuamente immagini di possibilità nuove per riparare le case distrutte e costruirne di altre, come dice Isaia[34]. Questa apertura fa trovare a casa propria presso chiunque conservi un brandello di verità, a proprio agio dovunque. È il concetto di cattolicità, non geograficamente inteso – come lo è stato a partire dal '500 –, ma in quanto ontologicamente definito dal vero che riconosco presente. L'*Imitazione di Cristo* dice: *Ex uno Verbo omnia, et unum loquuntur omnia, et hoc est Principium quod et loquitur nobis*[35] («Da una sola Parola tutto, e una sola Parola tutto grida, e questa Parola è il Principio che parla dentro di noi»).

[33] *Ibidem.*
[34] Cfr. Is 58, 12.
[35] *De Doctrina Veritatis*, in *Imitazione di Cristo*, Libro Primo, III, 8.

Non è possibile trovare un'altra cultura che definisca con un abbraccio così unitario, potente, senza residui, qualsiasi cosa. «Vagliate ogni cosa, trattenete il valore (*tó kalón*)»[36], il bello, il buono. È un abbraccio unitario e potente, senza residui. Diceva Jacopone da Todi che tutto accade perché abbiamo ad andare tutti insieme «nel regno celesto; che compie omne festo / che 'l core ha bramato»[37]. E ancora, nel più bel verso della letteratura italiana: «Amore, amore, omne cosa conclama»[38]. La parola Amore è da intendere nel suo senso ultimo, cioè come sinonimo di Cristo, del Dio che si è curvato su di noi e ci ha abbracciato.

[36] 1 Ts 5, 21.
[37] Cfr. JACOPONE DA TODI, *Cantico de la natività de Iesù Cristo*, Lauda LXIV, in *Le Laude*, Libreria Editrice Fiorentina, Firenze 1989, 218.
[38] Cfr. ID., *Como l'anima se lamenta con Dio de la carità superardente in lei infusa*, Lauda XC, in *ibidem*, 318.

II. Luci per il cammino

1. Etica cristiana come testimonianza

Il rapporto tra dogmatica ed etica è un punto di vista fondamentale nella teologia, intesa non astrattamente, ma come consapevolezza critica dell'esperienza di fede. È il problema vero per la Chiesa, cioè per chi porta il messaggio nel mondo, per coloro che Dio ha dato in mano a Gesù affinché nella storia rendessero nota al mondo la sua presenza. La cosa più impressionante del Vangelo, dal punto di vista del metodo con cui Gesù si rende presente e noto a tutta la storia, è che Egli, dopo la sua Resurrezione, si è fatto vedere e incontrare da alcuni. Si è fatto vedere da alcuni, ed è venuto per tutto il mondo, è morto per tutti gli uomini – e quello per cui è venuto si realizzerà, perché Egli è il Re dell'universo. Questo è ciò che stupisce della realtà della Chiesa, che ha come sua suprema ragione di esistenza proprio *la testimonianza.*

La testimonianza è a un dato nuovo, a un Avvenimento oggettivo, che è una realtà in essere, esistente, che implica e dimostra la sua presenza nel cambiamento che la vita del testimone porta con sé. Nel cristianesimo l'etica è la testimonianza a un Fatto, a un Avvenimento che supera qualsiasi altro avvenimento.

2. Testimonianza come cambiamento e come «Opera»: «Opus Dei»

Questa testimonianza – se deve portare il messaggio che un Fatto nuovo, impensabilmente, ineffabilmente, è accaduto nel mondo, il più aderente alla natura dell'uomo, alle sue esigenze – è un *cambiamento* che tutto il mondo può vedere, un cambiamento della società, perché la Chiesa è una *societas*, una comunione.

Perciò la testimonianza si dimostra attraverso l'atteggiamento del singolo cambiato che fa parte del grande disegno, ma anche in ogni aspetto sociale che nasce dall'individuo cambiato, dal testimone: è il concetto di *opera*. La testimonianza deve tradursi in opera. Dio può non darne la possibilità, e allora la testimonianza è vista e ammirata solo dagli angeli di Dio. Lo si vedrà alla fine del mondo: vedremo gli angeli che si metteranno in ginocchio davanti all'uomo che ha testimoniato Dio, abbandonando anche l'ultima esigenza dell'uomo che è la visione dell'utilità della sua azione, della sua presenza nel mondo.

3. L'appartenenza dell'io come generatrice di cultura

La dimensione della cultura e la dimensione caritativa sono implicate vicendevolmente: la cultura è matrice della carità ed implica tutto, perché è determinata dal fenomeno, dall'avvenimento di una appartenenza. È perché si appartiene che tutto cambia: *sensim sine sensu* (avverto di cambiare quasi impercettibilmente), normalmente, oppure è «miracolo».

4. «In fine»: la preghiera come dimensione dell'io

La parola che più è rivoluzionata nel dialogo di cui vivono le persone della dimora che Cristo ci ha fatto incontrare è la preghiera.

Il bigottismo e l'immagine di un gusto particolare e strano che accompagna sempre l'uso di questa parola sono totalmente evitati da noi. E tuttavia per tanti questa parola è ancora motivo di una ripugnanza che, per non essere tale, diventa sorriso.

Per noi la preghiera è una dimensione dell'umano, dell'io, qualsiasi azione esso compia. Non la realizza in tutte le azioni, ma quando riflette, o nella misura in cui è cosciente di quello che fa, la attua, la trova in atto nell'azione che compie.

La preghiera è qualsiasi azione che compiamo nella misura in cui Dio ci permette un'avvedutezza tale e svolge dentro di noi un'autocoscienza tale per cui comprendiamo quello che stiamo facendo.

Della preghiera, i momenti fissi della giornata rappresentano l'aiuto più grande. Le Ore, per esempio, ci richiamano tutto quello che facciamo, agli interessi di tutte le nostre azioni, di tutti i nostri impegni.

Perciò è nella preghiera, in senso formalmente stretto, è nelle forme della preghiera che troviamo l'espressione della nostra attesa come conoscenza e del nostro impeto di amore all'Essere, al grande Tu, al tu piccolo, definito, di un altro, e al tu che metaforicamente diamo anche al cane e al fiore. Dire «tu» implica un livello di stima e un livello di convivenza, di «sacrificio con», di «sacrificio insieme» (se non è analogico, il terzo livello del tu è improvvido, è un'esagerazione, un *hobby* che sopprime il dovere).

Gli inni liturgici sono quella parte delle Ore della giornata in cui tutta la coscienza e il desiderio della propria anima vengono indicati e inizialmente soddisfatti da una forma particolare di preghiera cantata (il canto è sempre l'espressione più tipica e più completa dell'umano).

Come ad esempio *Nel primo chiarore del giorno*[38] e *Prima che sorga l'alba*[39], che è la descrizione esatta dei passaggi implicati in ogni gesto cristiano. La ragionevolezza della trama cristiana dei nostri gesti è magnificamente indicata e descritta da questi due inni. Ma *Prima che sorga l'alba* descrive proprio i tempi, tutti i tempi del cambiamento. «Prima che sorga l'alba, vegliamo nell'attesa», dice il primo versetto. Quale attesa? L'attesa del giorno, l'attesa del primo segno del giorno, che è il crepuscolo, o l'alba. Noi «vegliamo nell'attesa» prima di incominciare a conoscere il vero; e, infatti, si conosce il vero come risposta alla nostra attesa.

La preghiera è l'espressione dell'autocoscienza dell'uomo, dell'io. Al di fuori di essa incomincia ad attardarsi la tentazione di dimenticanza, incomincia a dimostrare la sua presenza la forza, non più di Ciò a cui apparteniamo, ma della contingenza, cioè dell'apparenza con cui ci si gioca; l'apparenza diventa più pertinente e più chiara dell'appartenenza. È solo nell'appartenenza che l'apparenza viene superata dalla ragione, dalla «coscienza di», da ciò che insomma caratterizza l'io: riconoscimento e amore al «segno» – alla realtà come segno.

Rendere la preghiera dimensione della giornata: questa è l'essenza del cammino verso il Destino. La preghiera: coscienza dell'Ideale e domanda all'Ideale di realizzarsi in noi.

[38] *Nel primo chiarore del giorno*, in *Il libro delle ore*, Jaca Book, Milano 1975, 55.
[39] *Prima che sorga l'alba*, in *ibidem*, 114 s.

Parte terza

I. Dio e l'esistenza

1. Un problema di conoscenza

«Dio è tutto in tutto»[1]. Come questo diventa valevole, incidente sulla vita? Un'affermazione che non sia incidente sulla vita è astratta, rimane astratta, oppure sembra un po' assurda. «Dio è tutto in tutto» è la conseguenza impressionante cui conduce la ragione, quando è intesa secondo l'esperienza realisticamente naturale che noi facciamo di essa, perciò com'è affermata da una filosofia sana e adeguata all'uomo. La ragione, ricordiamolo, è esigenza di un significato totale, apertura alla realtà nella totalità dei suoi fattori. Che «Dio è tutto in tutto» è per noi espressione profonda della ragione, occasione per affermarne compiutamente il valore; non è una formulazione assurda, né un'affermazione astratta, è semplicemente qualcosa di giudicabile e comprensibile, o incomprensibile, come un fattore reale della vita.

Se «Dio è tutto in tutto», dobbiamo vedere come ciò incide sulla nostra vita. Come prenderne coscienza? Che significa prendere coscienza? Significa innanzitutto *conoscere Dio in modo tale che influisca sulla*

[1] 1 Cor 15, 28.

vita. L'Essere si svela in quanto opera nel nostro presente: è, se opera agli occhi nostri. Perciò, conoscerlo implica un cambiamento, la cui prima connotazione è il cambiamento dell'immagine stessa dell'intelligenza umana nella sua attività. La prima cosa importante per una costruzione eticamente dignitosa, il primo fattore per una volontà di trasformazione di sé, perché la nostra presenza sia più utilizzabile nel mondo e dal mondo, è dunque *nell'ordine della conoscenza.* Prima ancora di un fare o di un operare, è un problema di conoscenza. L'attività dell'intelligenza esprime la *mens* di un soggetto in quanto crea un punto nuovo e preciso nell'affrontare tutte le cose, rendendole nuove; in questo senso si può dire *facta sunt omnia nova*[2].

Occorre prendere coscienza delle conseguenze etiche del fatto che «Dio è tutto in tutto» e prima ancora della forza estetica che «Dio è tutto in tutto» possiede. È da questa forza estetica infatti che sorge la possibilità stessa di un'etica; solo se l'Essere è attrattiva può essere capace di ottenere dall'uomo un'attenzione fino al sacrificio. Perciò all'uomo non è chiesto altro che mantenere fedelmente e lealmente in sé il desiderio e la volontà di essere umile e obbediente di fronte alla grandezza dell'Essere che lo fa. Ora, per prendere coscienza di tali conseguenze etiche, noi dobbiamo *prendere coscienza di una mentalità* che, apparentemente esaltando una rinascita religiosa, in realtà vuole proprio censurare che «Dio è tutto in tutto», rendendolo astratto, dimenticandolo o, ancor più, negandolo. Occorre prendere coscienza della realtà in cui noi viviamo,

[2] Cfr. 1 Cor 2, 12; 2 Cor 5, 17; Col 1, 16.

del momento «culturale», nel senso potente del termine, del nostro cammino.

È impossibile vivere dentro un contesto generale senza esserne influenzati; noi stessi partecipiamo di quella mentalità per cui Dio è concepito astratto o dimenticato o addirittura negato. Così, in pratica, esistenzialmente, noi giungiamo a negare che «Dio è tutto in tutto». Nel nostro spirito inquieto e confuso è presente la menzogna della mentalità di oggi cui noi stessi partecipiamo, poiché siamo figli della realtà storica che è l'umano e dobbiamo passare attraverso tutti i disagi, le tentazioni, i risultati amari, mantenendo la speranza che è vita della vita. Vediamo, dunque, come si misura in noi la menzogna che ci viene dal mondo in cui siamo.

2. Esperienza e ragione

La *negazione* del fatto che «Dio è tutto in tutto» è dipesa da una irreligiosità estranea alla formazione dei popoli europei. Vi è una irreligiosità nel nostro mondo che inizia, senza che nessuno se ne accorga, da un distacco che si opera tra Dio come origine e senso della vita (perciò pertinente alle cose che accadono, alle vicende dell'umano) e Dio come fatto di pensiero, fatto del pensiero, concepito secondo le esigenze del pensiero dell'uomo. Ciò si riconduce a un *distacco del senso della vita dall'esperienza*. La negazione di Dio, fino alla negazione della conseguenza, ragionevolmente estrema ed evidente, che «Dio è tutto in tutto», implica un distacco del senso della vita dall'esperienza, perché il senso della vita è Dio. L'esperienza è il rapporto tra la libertà dell'uomo e la realtà in cui egli si trova immerso. Se Dio è concepito distaccato dall'esperienza, se non incide sulla vita, vi è un distacco del senso della vita dall'esperienza. Il senso della vita, cioè, non ha più nessun rapporto o ha un difficilmente definibile rapporto con il momento dell'esistenza in cui uno pure sta camminando. Ma non si può strappare il rapporto tra il passo che l'uomo compie ora e il perché si muove! E per che cosa cammina? Verso dove? Cammina verso il senso della vita e il destino suo.

Il distacco del senso della vita dall'esperienza implica anche un distacco della moralità dall'azione dell'uomo: la moralità, così concepita, non ha la stessa radice dell'azione. In che senso? Nel senso che la morale c'entra sì con l'azione dell'uomo, c'entra con l'esperienza, ma senza avere la stessa radice dell'azione; non risponde alla fisionomia, al volto che ci dà l'esperienza.

Così, tra l'altro, si comprende l'emergere del moralismo: è la moralità che, paradossalmente, non c'entra con l'azione, nel senso che non nasce contemporaneamente ad essa. Il moralismo è un insieme di principi che precede e investe l'azione dell'uomo giudicandola teoricamente, astrattamente, senza motivare il perché sia giusto o no, il perché l'uomo debba compiere o non debba compiere un'azione. Definendo a priori l'azione che l'uomo sta compiendo, si giudica quello che l'uomo fa, senza che lui ne abbia avuto consapevolezza, o senza che lui abbia concepito il suo fare nel mondo e il suo camminare nelle vie del tempo e dello spazio come praticabili. La moralità così non ha la stessa radice dell'azione. Per cui essa finisce col sottolineare valori comuni, valori generalmente sentiti; i suoi principi sono perciò o derivati dalla mentalità comune o imposti dallo Stato.

La sostanza della questione è chiarita nella lotta che si sviluppa sul modo di intendere il *rapporto tra ragione ed esperienza.* Per capirlo, basterebbe guardare alla formula «Dio è tutto in tutto», che squassa la formulazione più comune dell'esistenza di Dio («Dio esiste»). È sempre tranquilla, infatti, l'affermazione di un Ente supremo, dell'esistenza di Dio, chiuso in se stesso, che non abbia rapporto con l'azione dell'uomo, se non, alla fine, come giudice che distrugge o approva quello che l'uomo ha compiuto. Nel modo di concepire il rapporto tra ragione ed esperienza l'ordine del grande disegno di Dio, che è il cosmo, può essere minato dalle sue radici. La moralità ridotta a moralismo segnala il rapporto tra l'ordine del disegno di Dio e l'avvenimento del gesto umano nei termini di un preconcetto ideale. Invece, è attraverso l'esperienza che l'uomo si svela nella sua adesione, nel connettere cioè la sua azione al disegno totale, alla totalità, oppure nel non rispondere a tale riferimento chiaramente ultimo e decisivo.

Jean Guitton, confermandoci nel nostro inquieto disagio, ci ha dato il conforto di farci sentire la giustezza del nostro atteggiamento circa il nesso tra ragione e vita quando ha detto che «"ragionevole" è sottomettere la ragione all'esperienza»[3]. L'esperienza è l'emergere della realtà alla coscienza dell'uomo, è il divenire trasparente della realtà allo sguardo umano. Così, la realtà è qualcosa in cui ci si imbatte, è un dato, e la ragione è quel livello della creazione in cui essa diventa cosciente di sé. Non è innanzitutto una filosofia, ma è un'urgenza esistenziale. Perché è «ragionevole sottomettere la ragione all'esperienza»? Perché l'esperienza ci dice la

[3] Cfr. J. GUITTON, *Arte nuova di pensare*, Edizioni Paoline, Cinisello Balsamo 1991, 71.

realtà che noi siamo, in cui è la nostra presenza; è una realtà che ci è data, in cui ci si imbatte, non è creata da noi, non è inventata da noi. D'altra parte, la ragione è quel livello della creazione in cui essa è consapevole di sé, diventando cosciente del dato, del «qualcosa» in cui l'uomo si imbatte. Questa autocoscienza genera la definizione di ragione.

Per difendere Dio nella sua verità e per difendere la necessità che l'uomo concepisca la vita come Sua e in tutto tenda quindi a piacere a questo supremo creatore e gestore di tutto ciò che esiste, si esige innanzitutto la cordiale ripresa della parola «ragione», che è la parola più confusa nel discorso moderno. Se si usa male la ragione, ne va di mezzo tutto il conoscere dell'uomo come costruzione sulla realtà e della realtà. Se si usa male la ragione, cioè se la ragione si traduce come «misura» della realtà – e questo implica sempre la ragione come un preconcetto, come un qualcosa che stranamente interviene nell'esperienza per sminuire e non riconoscere ciò che è presente nella nostra vita –, ci sono tre possibili gravi riduzioni che influenzano tutti i comportamenti della vita. È in questa triplice riduzione che noi possiamo vedere e capire la profonda differenza che passa tra una cultura cristiana e una cultura profana, non cristiana.

Parlare di cultura, infatti, è parlare di tutto l'assetto umano della nostra presenza nel mondo, perché la cultura non è un esito ricercato dagli appassionati o dai competenti: la cultura è ciò da cui l'uomo trae tutto il suo comportamento, ciò a cui si ispira nel suo comportamento come origine di tutto, nel formularlo e dispiegarlo seguendo l'evoluzione delle cose e della vita, e nell'affermazione dello scopo ultimo di ciò che egli compie, cioè del suo destino.

Se si usa male la ragione, se la si usa come misura, avvengono dunque tre possibili riduzioni gravi che influenzano tutti i comportamenti. Per parlare di morale è allora importantissimo comprendere e prendere coscienza del tipo di cultura cui apparteniamo, se essa sia mondana o cristiana.

3. Tre gravi riduzioni

a) Prima riduzione – sto descrivendo la genesi del nostro comportamento nel suo aspetto drammatico e contraddittorio –: *invece di un Avvenimento, l'ideologia.* Il rapporto con la realtà che l'uomo vive dalla mattina alla sera può essere una iniziativa continua, un tentativo continuo di fronte a quel che accade e a quel che lui sperimenta; oppure l'uomo può essere mosso, può lasciarsi muovere da qualcosa, può obbedire a qualcosa che non nasce, non scaturisce da un *suo* modo di reagire alle cose che incontra, in cui si imbatte, ma da *preconcetti.*

Il punto di partenza del cristiano è un Avvenimento. Il punto di partenza di tutto il resto del pensiero umano è una certa impressione e valutazione delle cose, una certa posizione che uno assume «prima» d'affrontare le cose, soprattutto prima di giudicarle: anche i bisogni dell'uomo, che l'uomo intercetta e cerca di condividere nella loro concretezza, possono essere pensati e concepiti in un modo preconcetto. Per esempio, c'è un disastro in una miniera o nelle ferrovie: l'affrontare questi fatti che interpellano l'uomo tende a non esser fatto nascere dal riverbero umano, da quello che l'uomo sente come uomo di fronte a questi avvenimenti. Senza che l'uomo se ne accorga, è come se irrompesse nel suo giudizio sulle cose un discorso già sentito, qualcosa che ha provato, cioè un preconcetto; si parte da un preconcetto, così che il giornale dei repubblicani o dei *liberals* darà un certo tono e invece il giornale di un partito al governo attaccherà altro. E il preconcetto – cioè il punto di partenza da cui uno prende le mosse – per passare nella storia, per vincere il tempo, per farsi strada tra i pensieri della gente e tra i giudizi della società, deve essere sviluppato. Il suo sviluppo è la logica di un discorso che diventa ideologia. La logica di un discorso che parte da un preconcetto e vuole sostenerlo e imporlo si chiama ideologia.

Se invece l'origine, il fondamento, il principio fondante di tutta l'esperienza umana è un avvenimento – unica vera alternativa al preconcetto, qualcosa che accade e in cui l'uomo si imbatte –, se il criterio suggeritore del comportamento dell'uomo è un avvenimento, esso si ricompone, si ripropone continuamente nella storia, nel tempo, giorno per giorno, ora per ora: questo avvenimento si capisce perché «sta avvenendo qualcosa» adesso. La memoria è il contrario dell'ideologia.

La nostra vita di fede, di cristiani di fronte al mondo sta in questa importante alternativa, di cui non ci accorgiamo se non facciamo attenzione a chi Iddio ha messo come guida della sua Chiesa. Una famosa pagina di Alexis Carrel ce lo ricorda: «Molta osservazione e poco ragionamento conducono alla verità [cioè mantengono un contatto reale con ciò che c'è], mentre molto ragionamento e poca osservazione portano all'errore [e alla dissoluzione]»[4]. La nostra vita cristiana,

[4] Cfr. A. Carrel, *Riflessioni sulla condotta della vita*, Bompiani, Milano 1953, 30; cfr. anche L. Giussani, *Il senso religioso*, Rizzoli, Milano 1997, 3.

la nostra fede e la nostra morale concreta, la nostra impostazione della vita sono determinate o dalle ideologie correnti oppure dalla fattualità, dalla supremazia del nostro esistere, delle cose come avvengono, delle cose in cui ci si imbatte, delle cose cui si reagisce in un certo modo, dei fatti: fatti come avvenimenti. La nascita di un bambino, per esempio, è un avvenimento. Ci sono avvenimenti grandi e avvenimenti minuziosamente piccoli come significato.

Se, allora, l'origine, il fondamento, il principio fondante di tutta l'esperienza umana è un avvenimento, esso si capisce, si fa capire, perché in qualche modo sta avvenendo adesso, ora. Non si può parlare di un passato che sia decisivo per una persona che vive oggi, se in qualche modo questo passato non diventa presente. Se è puro ricordo – ma è impossibile che sia puro ricordo – non lascia traccia; ma, se non è puro ricordo, è qualcosa del passato che incide sul presente. Così, il cristianesimo è un avvenimento e perciò è presente, ora è presente, e la sua caratteristica è che è presente come memoria; dove la memoria cristiana non è identica al ricordo, anzi, non è il ricordo, ma è il riaccadere della Presenza stessa.

Solo il riconoscimento di questo avvenimento impedisce di essere servi di un'ideologia. Ricordiamo che tutte le ideologie hanno un sistema discorsivo e nella logica che le sostiene tendono al potere o hanno un potere (gli uomini sono bloccabili dall'ideologia), che è la prevalenza, in un dato momento, di un'ideologia sulle altre.

Invece il cristianesimo nasce come avvenimento che si incarna nel presente come memoria.

b) Questo rilievo introduce a una seconda riduzione culturalmente significativa ed eticamente grave. Eticamente grave perché l'etica, in quanto deriva dall'estetica, in quanto è lanciata nell'abbrivio del suo cammino, del suo viaggio, da un fattore estetico, implica una definizione grande del concetto di Essere, cioè del concetto di Dio.

Se l'uomo cede alle ideologie dominanti, insorte dalla mentalità comune, si verifica una lotta, una divisione, una separazione tra segno e apparenza; da ciò consegue la *riduzione del segno ad apparenza.* Più si ha coscienza di ciò che il segno è, più si capisce la lordura e il disastro di un segno ridotto ad apparenza.

Il segno è l'esperienza di un fattore presente nella realtà che mi rimanda ad altro. Il segno è una realtà sperimentabile il cui senso è un'altra realtà; esso rivela il suo significato conducendo ad un'altra realtà[5].

Non sarebbe ragionevole, umano, perciò, esaurire l'esperienza del segno al suo aspetto percettivamente immediato o *apparenza.* L'aspetto percettivamente immediato di una qualunque cosa, l'apparenza, non dice tutta l'esperienza che abbiamo delle cose, perché non ne dice il valore di segno.

La grande tentazione dell'uomo è esaurire l'esperienza del segno, di una cosa che è segno, interpretandola soltanto nel suo aspetto percettivamente immediato. Non è ragionevole, ma tutti gli uomini sono portati, dalla pesantezza su di essi del peccato originale, ad essere vittime dell'apparente, di ciò che appare, perché sembra la forma più facile della ragione. Un certo atteggiamento di spirito fa pressappoco così con la realtà del mondo e dell'esistenza (le circostanze, il rapporto con le cose, una famiglia da fare, i figli da educare...):

[5] Cfr. L. GIUSSANI, *Il senso religioso*, cit., 155.

ne accusa il colpo, arrestando però la capacità umana di addentrarsi alla ricerca del significato, cui innegabilmente il fatto stesso del nostro rapporto con la realtà sollecita l'umana intelligenza. Si arresta cioè la capacità stessa dell'intelligenza umana di addentrarsi alla ricerca del significato cui il nostro rapporto con ciò che ci fa colpo innegabilmente sollecita. Mentre l'umana intelligenza non può imbattersi in qualche cosa senza percepire che essa, in qualche modo, è segno di un'altra realtà, riprende l'insinuazione di un'altra realtà.

Un'eco di questi concetti si può ritrovare in un'affermazione di Hannah Arendt: «L'ideologia non è l'ingenua accettazione del visibile, ma la sua intelligente destituzione»[6]. L'ideologia è la distruzione del visibile, l'eliminazione del visibile come senso delle cose che avvengono, lo svuotamento di ciò che si vede, si tocca, si percepisce. Così non si ha più rapporto con nulla. Quando Sartre parla delle sue mani – «Le mie mani, cosa sono le mie mani?» – le definisce come «la distanza incommensurabile che mi divide dal mondo degli oggetti e mi separa da essi per sempre»[7], operando così una destituzione del visibile, dell'aspetto contingente. La destituzione del contingente è, per esempio, affermare che quel che capita «capita perché capita», evitando così l'urto e l'esigenza di guardare il presente, un certo presente, nel suo rapporto con la totalità.

L'idea di segno invece fa entrare operativamente nella vita il significato delle cose.

[6] Cfr. H. Arendt, *Le origini del totalitarismo*, Edizioni Comunità, Milano 1996, 649.
[7] Cfr. J.-P. Sartre, *La nausea*, Einaudi, Torino 1990, 166.

Mistero (cioè Dio) e segno (cioè la realtà contingente in quanto sempre rimanda ad altro; anche un sasso piccolissimo, per essere se stesso, rimanda alla sorgente dell'Essere), Mistero e segno, in certo qual senso, coincidono: nel senso che il Mistero è la profondità del segno, il segno indica la presenza del Mistero profondo, del Dio creatore e redentore, del Dio Padre. Il segno indica ai nostri occhi la presenza di Altro, del Mistero profondo per tutte le cose, la segnala ai nostri occhi, alle nostre orecchie, alle nostre mani. Il Mistero si rende esperienza attraverso il segno.

La sensibilità nel percepire tutte le cose come segno del Mistero è la tranquilla verità dell'essere umano. A essa si oppone la tirannia di chi ha in mano il potere, motivato con una ideologia, che nega questa considerazione che l'uomo pone a una cosa. Anche gli accadimenti e gli avvenimenti diventano allora così labili nella loro contingenza che non dettano nessun cambiamento nella vita, non suggeriscono niente di più espressivo nella vita.

L'ideologia tende ad affermare come concretezza l'apparente, e l'apparente è solo quello che si vede, si sente, si tocca. Ma il modo di guardare proprio dell'uomo è la ragione, che (lasciandolo intatto) investe il contatto dell'io con ciò in cui si imbatte, chiarendolo e giudicandolo, cioè riconoscendo la cosa nel suo riferimento ad altro; si può giudicare infatti solo se c'è una profondità ipotizzabile.

Mistero e segno, dunque, in un certo qual senso, coincidono e il Mistero si rende esperienza attraverso il segno. E quando il cristiano scopre che tutta la realtà è costruita da questo metodo di Dio, comprende meglio il valore dei sacramenti. La realtà viene dal Creatore, ha in sé il riferimento al Creatore e Lo dimostra;

la realtà fa emergere, nell'intimo del nostro rapporto con le cose, la percezione di qualcosa d'altro, di un Altro.

Il sacramento si differenzia da tutti gli altri segni. Nei sacramenti, inventati, creati da Cristo per generare un popolo nuovo nel mondo – che fluisca come un fiume nelle acque del mare dell'umanità, come iniziale svelarsi dentro la storia del Mistero infinito a cui l'uomo va incontro al termine dei suoi giorni: è l'inizio, nella storia, dell'eterno –, nei sacramenti, creati da Cristo, dall'uomo Dio, da Dio diventato uomo, Gesù di Nazareth (li ha costruiti Lui, li ha suggeriti Lui), il segno giunge fino alla completa identità col Mistero. Come nell'Eucarestia. Ma in tutti i sacramenti c'è questo riferimento totalizzante: il segno coincide col Mistero in senso proprio. I sacramenti rendono presente questo: dal Battesimo, che è la trasformazione totale del nostro essere, all'Eucarestia, che è la pienezza espressiva di questa coincidenza, alla Penitenza, alla identificazione con un compito nell'Ordine e nel Matrimonio. Nel sacramento l'uomo resta così lavato dalle squame che lo tengono prigioniero e tendono a farlo vivere da animale.

Perciò, nella nostra vita giochiamo a vantaggio di un mancato trionfo dell'apparenza sulla prospettiva inoltrata dal segno; si gioca in favore di una moralità nuova, di una moralità più perfetta, quella di cui Gesù dice: «Non sono venuto nel mondo a far sparire la legge, ma a sostenerla, perché essa sia più compiuta»[8]. È la salvezza dell'umano: «Se non ti avessi incontrato, Cristo, non sarei più uomo», si potrebbe dire. «Quando

[8] Cfr. Mt 5, 17.

ho incontrato Cristo mi sono accorto di essere uomo»[9], dice il retore Mario Vittorino.

La sacramentalità è il modo in cui il Mistero dà se stesso, dona se stesso al nulla, creando il suo cosmo, la persona e il cosmo. Il metodo con cui Dio comunica la sua esistenza, dà il suo essere, partecipa il suo essere alle cose, è la sacramentalità: il comunicarsi del Mistero implica un metodo sacramentale. Tutto è segno di Lui, e l'estremo lembo di questo metodo, secondo un'analogia tra le cose, tra i significati delle cose, è il sacramento della sua presenza nel mondo, perché ogni sacramento è la presenza nel mondo di Cristo morto e risorto. Si chiama Chiesa, Corpo mistico di Cristo, ciò che viene generato e cambiato sotto l'impulso, la luce e la tenerezza del Battesimo e degli altri sacramenti.

Dio ha concepito il rapporto col creato come rapporto con un immenso esercito di segni: tutto è segno di Lui. Cristo è venuto a dirci questo, perché Dio voleva tutto da noi. Perciò la realtà fatta come segno di Dio si riconduce tutta quanta alla visione di Cristo. Trattar bene, usar bene della creazione significa conoscere Cristo per conoscere Dio. Questo è l'inizio di un cambiamento nell'uomo.

c) L'eliminazione del valore di segno implica, per un verso come causa e per l'altro come conseguenza, *la riduzione del cuore a sentimento.*

Noi prendiamo il sentimento invece che il cuore come motore ultimo, come ragione ultima del nostro agire. Cosa vuol dire? La nostra responsabilità è resa vana proprio dal cedere all'uso del sentimento come

[9] MARIO VITTORINO, *In epistola ad Ephesios*, libro II, cap. 4, v. 14.

prevalente sul cuore, riducendo così il concetto di cuore a quello di sentimento. Invece, il cuore rappresenta e agisce come il fattore fondamentale dell'umana personalità; il sentimento no, perché preso da solo il sentimento agisce come reattività, in fondo è animalesco. «Non ho ancora compreso – dice Pavese – quale sia il tragico dell'esistenza [...]. Eppure è chiaro: bisogna vincere l'abbandono voluttuoso e smettere di considerare gli stati d'animo quali scopo a se stessi»[10]. Lo stato d'animo ha ben altro scopo per essere dignitoso: ha lo scopo di una condizione messa da Dio, dal Creatore, attraverso la quale si è purificati. Mentre il cuore indica l'unità di sentimento e ragione. Esso implica una concezione di ragione non bloccata, una ragione secondo tutta l'ampiezza della sua possibilità: la ragione non può agire senza quella che si chiama affezione. È il cuore – come ragione e affettività – la condizione dell'attuarsi sano della ragione. La condizione perché la ragione sia ragione è che l'affettività la investa e così muova tutto l'uomo. Ragione e sentimento, ragione e affezione: questo è il cuore dell'uomo.

4. *La corruzione della religiosità*

Finora ho voluto insistere sul fatto che in qualche modo la concezione della vita secondo cui noi viviamo, ossia ciò che ci ispira ad agire in un certo modo oppure a raggiungere certa edificazione della nostra esistenza e della nostra convivenza con gli altri, trova nella ragione la sua arma di attacco e di difesa. Noi

[10] C. PAVESE, *Il mestiere di vivere*, Einaudi, Torino 1996, 35.

non possiamo partire se non dall'amore alla ragione, dalla fiducia nella ragione. Questo ci ha fatto percepire dagli inizi del nostro movimento il valore della ragione come prima cosa da chiarire.

Ho inteso anche sottolineare l'atteggiamento del mondo di oggi, quello che Gesù definisce «tutto posto nella menzogna»[11]. La menzogna è dire: «Dio c'è, ma "Dio tutto in tutto" è astratto». Ciò significa in fondo rifiutarlo, perché tutti coloro che negano «Dio tutto in tutto» negano Dio. Questa situazione, sopra descritta, caratterizza l'andamento culturale, e quindi sociale, della politica dei nostri tempi. Si tratta di un lungo percorso che ha potuto, lentamente ma inesorabilmente, stipare tutti gli animi di certi preconcetti, sia come principi sia come indicazioni di azioni preconcette.

Al termine di un lungo percorso di dimenticanza del «Dio tutto in tutto», nel nostro ultimo secolo, *il sentimento religioso* proprio della natura umana si afferma con libertà assurda, corrompendosi, nella progressiva *eliminazione della religiosità propria di Cristo* e quindi della religiosità che ha avuto nella storia del popolo ebraico, in modo mirabile, la sua manifestazione, l'esemplificazione della sua verità, della sua ultima implicazione. Come il popolo ebraico fu osteggiato da coloro che non recepivano Dio, il Dio unico che ha fatto tutte le cose, così dalla situazione di oggi è avversata la religiosità propria di Cristo, erede di tutto l'umanamente incomprensibile fenomeno del popolo ebraico – la storia del popolo ebraico è stata l'assetto profetico di quello che Cristo avrebbe chiarito con se stesso. Questa è la religiosità che ci tocca. La lotta è, dunque,

[11] Cfr. 1 Gv 5, 19.

in noi, tra la religiosità propria di Cristo e della Bibbia, della tradizione cristiana e della tradizione ebraica, e il dio dell'anticristiano.

La negazione di «Dio tutto in tutto» rivela la presenza di un anticristianesimo nella formazione dell'uomo e quindi della società; essa porta alla eliminazione del senso religioso proprio di Cristo e della Chiesa e perciò dell'umanità che essa investe e che la riceve.

Anche nella Chiesa è stata facilitata questa incomprensione, in quanto i suoi Pastori e i suoi battezzati sono stati influenzati e si lasciano influenzare da un'altra cultura. Lo si vede nella stessa promozione missionaria, sia riguardo alla persona che alla società. La promozione missionaria, che è in fondo lo scopo ultimo dell'esistenza del singolo cristiano e dell'andamento di tutti i cambiamenti della società, è arrivata a una *impasse*, che ha avuto il suo culmine nella critica di certo pre e post-Concilio, in cui si è giunti perfino ad affermare che l'azione missionaria fosse contro la libertà dell'uomo, mentre l'azione missionaria è l'estremo frutto della fedeltà a Cristo.

Nella sua *Lettera ai cristiani d'occidente*, che non sarà mai sufficientemente letta e riletta, Josef Zvěřina, il grande teologo boemo, condannato per tanti anni dal regime di Praga, uno dei teologi più validi e purtroppo non numerosi che la Chiesa abbia avuto come suoi difensori, scrisse nel 1970: «Fratelli, voi avete la presunzione di portare utilità al Regno di Dio assumendo quanto più possibile il *saeculum*, la sua vita, le sue parole, i suoi *slogans*, il suo modo di pensare. Ma riflettete, vi prego, cosa significhi accettare questa parola. Forse significa che vi siete lentamente perduti in essa? Purtroppo sembra che facciate proprio così. È ormai difficile che vi ritroviamo e vi distinguiamo in questo vostro strano mondo. Probabilmente vi riconosciamo ancora perché in questo processo andate per le lunghe, per il fatto che vi assimilate al mondo, adagio o in fretta, ma sempre in ritardo. Vi ringraziamo di molto, anzi quasi di tutto, ma in qualcosa dobbiamo differenziarci da voi. Abbiamo molti motivi per ammirarvi, per questo possiamo e dobbiamo indirizzarvi questo ammonimento: "E non vogliate conformarvi a questo secolo [dice san Paolo], ma trasformatevi rinnovando la vostra mente, affinché possiate distinguere qual è la volontà di Dio, ciò che è bene, ciò che gli è gradito, ciò che è perfetto" [«Dio tutto in tutto», diciamo e suggeriamo noi].

«Non conformatevi! *Mé syskhematízesthe*! Come è ben mostrata in questa parola la radice verbale e perenne: schema. Per dirla in breve, è vacuo ogni schema, ogni modello esteriore [che non viene dalla fede, che non nasce dall'esperienza della fede]. Dobbiamo volere di più, l'apostolo ci impone: "Cambiare il proprio modo di pensare in una forma nuova!" [...]. Di contro a *skhêma* o *morphé* – forma permanente – sta *metamorphé*, cambiamento della creatura [*skhêma* o *morphé* significano una forma permanente, affermano una forma permanente; *metamorphé* afferma qualcosa che è destinato a cambiare, che cambia, che produce un cambiamento continuo nella creatura]. Non si cambia secondo un qualsiasi modello che è comunque sempre fuori moda, ma è una piena novità con tutta la sua ricchezza [così come è Cristo]. Non cambia il vocabolario, ma il significato.

«[...] Non possiamo imitare il mondo proprio perché dobbiamo giudicarlo, non con orgoglio e superiorità, ma con amore, così come il Padre ha amato il mondo e per questo su di esso ha pronunciato il suo giudizio [Cristo, il suo giudizio è Cristo. E il Papa, nella sua enciclica *Dives in misericordia*, dice che la misericordia nella storia dell'uomo ha un nome: Gesù Cristo. Il giudizio di Dio è misericordia].

«Scriviamo come gente non saggia a voi saggi, come deboli a voi forti, come miseri a voi ancor più miseri. E questo è stolto perché certamente fra di voi vi sono uomini e donne eccellenti [vi è qualcuno eccellente tra di voi, che rimane nella fede, non corre dietro alle novità mondane]. Ma proprio perché vi è qualcuno occorre scrivere stoltamente, come ha insegnato l'apostolo Paolo quando ha ripreso le parole di Cristo, che il Padre ha nascosto la saggezza a coloro che molto sanno di questo»[12].

Ciò spiega dunque come sia facilitata nella Chiesa l'incomprensione del problema: il problema dell'educazione cristiana, della missione, della conversione, della costruzione della Chiesa. Questi problemi esigono e partono da un cambiamento che nell'uomo deve avvenire: attraverso il cambiamento avvenuto in altri uomini in cui si imbatte, il cristiano è aiutato a percepire e ad avanzare in un cambiamento di se stesso. Il miracolo è questo cambiamento di sé.

5. *Tradizione e carisma*

Occorre che *la fedeltà a Cristo e alla Tradizione* siano sostenute e confortate da un ambito ecclesiale veramente consapevole di questa necessaria fedeltà. Questo è il punto conclusivo di tutte le mie osserva-

[12] J. Zvěřina, *Lettera ai cristiani d'occidente*, cit., 177 s.

zioni. L'ambito ecclesiale necessario per essere sostenuti e confortati deve essere veramente consapevole di che cosa vuole dire fedeltà a Cristo e alla Tradizione, di come vive veramente la memoria cristiana e non la memoria dei poveri morti. Di qui l'imponenza morale della partecipazione a un movimento ecclesiale come *appartenenza* a un ambito in cui il dono dello Spirito che viene dal Battesimo si concretizza in forme dimostrative e persuasive. Questo dono dello Spirito si chiama *carisma*. Ma non è carisma se non è riconosciuto dall'autorità della Chiesa, cioè dal Papa.

Questo invito a vivere coscientemente il dono che abbiamo ricevuto ha come prima conseguenza morale l'attendere con tutta la disponibilità del cuore all'indicazione del movimento: l'appartenenza al movimento, vissuta con semplicità e generosità, è sorgente di luce e di conforto per tutta la nostra vita, introduce, facilita e assicura una mentalità diversa e impegna una moralità diversa. L'appartenenza al movimento, in quanto è una esperienza esistenzialmente concreta del vivere la mentalità nuova in Cristo e la morale nuova, introduce alla novità della fede, quella fede che tende a venir meno nel cuore degli uomini man mano che chi ha responsabilità su di loro tradisce: è la *trahison des clercs*, come diceva Julien Benda, il tradimento degli intellettuali – l'intellettuale è colui che insegna, che educa, il medico che aiuta e interviene.

Non c'è un altro modo con cui lo Spirito ci può raggiungere più semplicemente, più persuasivamente, più potentemente, che non in una realtà presente, in un contesto presente.

Ciò non ha nulla di contraddittorio all'obbedienza che dobbiamo al vescovo o al parroco, anzi, è fattore illuminante di questa obbedienza, è un sostegno per questa obbedienza; obbedienza, tra l'altro, che è inerente alla dinamica stessa della fedeltà a Cristo e alla Tradizione. Un carisma riconosciuto dalla Chiesa è dono dello Spirito di Cristo che porta a vivere l'istituzione integralmente, come il luogo in cui Cristo è avvenimento presente. «Un autentico movimento – ha detto Giovanni Paolo II – esiste perciò come un'anima alimentatrice dentro l'istituzione. Non è una struttura alternativa a essa. È invece sorgente di una presenza che continuamente ne rigenera l'autenticità esistenziale e storica»[13]. Un sacerdote, che viva questa appartenenza al movimento vivacemente e intelligentemente, col suo modo di vivere e di potenziare con apporti altrui la parrocchia la fa diventare bella e semplice.

In altra circostanza il Papa è andato al cuore di questo giudizio: «Nella Chiesa, tanto l'aspetto istituzionale quanto quello carismatico [...] sono coessenziali e concorrono alla vita, al rinnovamento, alla santificazione, sia pure in modo diverso»[14]. Il carisma, seguito con fedeltà, introduce alla fedeltà a Cristo nella fedeltà alle istituzioni. Carisma e istituzione sono coessenziali nella definizione della vita cristiana nella Chiesa, della vita ecclesiale. Perciò un movimento è esemplare e dimostrativo, è persuasivo e utile nelle stesse diocesi e parrocchie per la vita pastorale.

La modalità di vivere il dono dello Spirito deve raggiungere capillarmente la personalità di ogni singolo. È per tenere presente questo che lo Spirito chiama

[13] Giovanni Paolo II, a sacerdoti di Comunione e Liberazione, 12 settembre 1985, *Siate i maestri della cultura cristiana*, in «La traccia», 1985, 1083.
[14] *I movimenti nella Chiesa. Atti del 2° Colloquio internazionale su «Vocazione e missione dei laici nella Chiesa oggi», Rocca di Papa, 28 febbraio - 4 marzo 1987*, Nuovo Mondo, Milano 1987, 25.

ognuno all'uno o all'altro carisma. Tutti i carismi riconosciuti dalla Santa Chiesa sono coessenziali all'istituzione cristiana.

Si vive veramente il carisma quanto più si paragona tutta la propria vita all'ideale del carisma stesso, così come lo affermano coloro che sono riconosciuti dalla Chiesa come garanti per essa della verità del dono dello Spirito; seguire loro è un'ultima obbedienza che cerca di incarnare fino agli ultimi capillari l'imitazione di Cristo e la fedeltà alla Chiesa. La fede si manifesta così in sorgente continua e in continuo termine dell'Incarnazione come metodo ultimo del Mistero. Siccome la missione esiste e vive come testimonianza, solo la fede vissuta realizza la missione, perché solo la fede vissuta cambia, di quel cambiamento in cui chiunque può imbattersi e, sentendosene schoccato, mettersi a seguirlo. Questo fa capire come la fede apra a una mentalità e a una moralità diverse, sia davanti al mondo sia nella Chiesa stessa come realtà umana e, quindi, influenzabile dal contesto.

Quello che si cambia in noi, per l'intervento del movimento nella nostra vita e per coerenza da esso richiesta, deve partire coscientemente, ragionevolmente, avere cioè come primo luogo di avvenimento la conoscenza, perché tutto quello che l'uomo fa dipende dal modo in cui concepisce. Perciò è un modo di conoscenza che può delimitare o eliminare la concezione che il mondo ci inoltra, per cui Dio è bistrattato, non è affermato come vuole affermarsi, perché Dio si afferma in Cristo. Noi non possiamo conoscere il Mistero se non ce lo dice Cristo. E la Chiesa – è un paragone e non una bestemmia – realizza Cristo con più chiarezza, con persuasività e con sostegno all'attuarsi della vita, attraverso i movimenti. Lo Spirito di

Cristo che ha creato la Chiesa e l'ha mandata nel mondo, la conforta, la edifica e la fortifica con i carismi: afferra certe persone, nell'uno o nell'altro carisma, perché tutta la Chiesa sia rinverdita e rinasca con consapevolezza agli occhi di tutti.

II. Fede in Dio è fede in Cristo

1. Una mentalità nuova

La fede apre a una «mentalità diversa» da quella in cui penetriamo tutte le mattine, quando ci alziamo e andiamo fuori di casa (ma anche in casa): una mentalità diversa (la mentalità è il punto di vista da cui l'uomo parte per tutte le sue azioni) e, quindi, una «moralità diversa», perché l'azione in cui l'uomo si realizza può essere più, meno, o niente del tutto, in rapporto con la totalità delle cose. E come la ragione è coscienza della realtà secondo la totalità dei suoi fattori, analogamente la moralità è il rapporto dell'azione singolare con la totalità dei fattori che l'universo implica. Come già si è detto, la fede origina una mentalità e una moralità diverse, sia davanti al mondo sia nella Chiesa stessa come realtà umana e, quindi, influenzabile dalla realtà mondana.

«Cristo è tutto in tutti»; riprendiamo questa formula tematica chiedendoci che incidenza abbia sulla vita. «Cristo è tutto in tutti» vuol dire che il comportamento di Gesù di Nazareth – il suo atteggiamento nel rapporto col Padre, col mistero del Padre, che partiva da una conoscenza sua del Padre – deve incidere sulla vita di tutti, deve essere imitato, subiettato da ogni uomo.

Come Gesù, così noi dobbiamo essere di fronte al Padre. Questo è pertanto il tema generale: «Cristo tutto in tutti» perché «Dio sia tutto in tutto». La formula sintetica che dobbiamo sviluppare è allora: *fede in Dio è fede in Cristo*. Occorre vedere come il significato grave di questa affermazione incida sulla vita. Per capire che cosa essa significhi per la vita dell'uomo e della storia umana, occorre che ognuno di noi venga a conoscenza, cerchi di immedesimarsi, di imitare e di seguire Gesù Cristo. La prima incidenza sulla vita dell'uomo che ha l'imitazione di Cristo (Cristo deve essere «tutto in tutti») è una *mentalità nuova*, una coscienza nuova, non riducibile ad alcuna legge dello Stato o abitudine sociale, una coscienza nuova come sorgente e come riverbero di autentico rapporto con il reale, in tutti i dettagli che l'esistenza implica.

La mentalità mondana opera sull'orizzonte totale di ciò cui l'uomo, crescendo, si educa. La mentalità nuova si sostituisce a essa con fatica e con lotta: la coscienza nuova del cristiano, dell'imitatore di Cristo, è interamente chiamata in causa di fronte a ciò che la mentalità dominante dice. Quest'ultima gioca, infatti, tutto il suo inganno pretendendo che si possa parlare di Dio a prescindere da Cristo. Questo è il principio del rapporto col reale che definisce l'opposizione tra Cristo e il mondo. «Cristo è entrato nel mondo in polemica col mondo», diceva monsignor Garofalo. O meglio: non è entrato nel mondo «in polemica» col mondo, è entrato nel mondo esponendo e comunicando se stesso, il suo mistero, perciò per una proposta: è il mondo che si erige contro.

La pretesa della mentalità dominante è che si possa parlare di Dio a prescindere da Cristo. Ma, sul Mistero, quello che ci è stato comunicato dal Mistero stesso, quello che ci è stato dato nella Rivelazione è l'uomo Gesù Cristo. Quest'uomo è la sintesi e il centro di tutta la comunicazione di sé che il Mistero ha voluto fare alla creatura umana. Per questo il Verbo si è fatto carne. «Filippo, chi vede me, vede il Padre»[15]. Noi non possiamo conoscere Dio se non attraverso Cristo[16]. Non esiste conoscenza del Mistero, che non sia una riduttiva interpretazione dell'uomo, se non in quell'Uomo, Gesù di Nazareth, che Dio ha assunto nella sua natura per dirsi all'uomo, per comunicarsi all'uomo come Mistero. Uomo e Mistero: questo fu Gesù, è Gesù, sarà Gesù. «Cristo ieri, oggi e sempre»[17].

La *fede*, come atteggiamento reale che l'uomo vive nei confronti di Dio, non è generica: è fede in Cristo, il Segno di tutti i segni, l'Uomo attraverso cui il Mistero si è rivelato. Gesù era un uomo come tutti gli altri, era un uomo senza possibilità di eccezione alla definizione di uomo; ma quell'uomo disse di sé cose che altri non dicevano, parlava e agiva in un modo diverso da quello di tutti. Segno di tutti i segni. La sua realtà, una volta conosciuta, era sentita, guardata e trattata, da chi era stato percosso dalla sua pretesa, come segno di un'altra, rimandava ad altro. Come appare chiaro nel Vangelo di Giovanni, Gesù non concepiva l'attrattiva sua sugli altri come un riferimento ultimo a sé, ma al Padre: a sé perché Lui potesse condurre al Padre, come conoscenza e come obbedienza.

In questo senso, la fede in Cristo supera e rende più chiaro il senso religioso del mondo. La fede svela

[15] Cfr. Gv 14, 9.
[16] Cfr. Gv 1, 18.
[17] Eb 13, 8.

l'oggetto del senso religioso, cui la ragione non può accedere.

La ragione da sola non può comprendere tutto quello che Cristo dice, perché Cristo rivela, svela il nuovo e l'inimmaginabile, e lo svela dopo che la gente gli si è legata: «Venne in quel posto e non fece molti miracoli». Perché? «Era gente di poca fede»[18]. Trovava poca fede; così, dove non c'è ascolto, è inutile parlare. La fede in Cristo, come appare evidente dall'insorgere del fatto cristiano, è conoscere una Presenza come eccezionale, essere colpiti da essa e, quindi, aderire a quello che essa dice di sé. È un fatto: è un fatto che ha reso possibile l'insorgenza cristiana nel mondo. Ora, noi non vogliamo se non conoscere e vivere ciò che è accaduto, come diceva Laurentius Eremita nel lontano primo Medioevo, quando riassunse il motivo e il modo della sua vita in questi termini: «Allora compresi che tutta la mia vita sarebbe trascorsa nel rendermi conto di ciò che era accaduto. E la Tua "parola" mi riempie di silenzio».

La fede è riconoscere una presenza eccezionale, essere colpiti, venir colpiti da essa, senza nessun paragone con altre occasioni già vissute e possibili anche nel futuro, e aderire a quello che essa dice di sé, perché se non si aderisse vi sarebbe contraddizione col giudizio di eccezionalità che si è dato, che si è costretti a dare. La fede, perciò, è un gesto che ha come suo punto di partenza la ragione. La ragione non come capacità o pretesa di descrivere Dio, di parlare di Dio, sostituendosi alla Rivelazione, ma la ragione in quanto afferma che il Mistero è una realtà esistente, senza la quale

[18] Cfr. Mt 13, 58.

l'uomo non può portare uno sguardo ragionevole alla realtà. Vale a dire, il punto di partenza della fede è la ragione come coscienza della realtà, cioè il senso religioso dell'uomo.

La fede è un giudizio e non una emozione; non è un sentimento cangiante che identifica l'esistenza di Dio come gli pare e vive la religiosità come gli piace. Essa è un giudizio che afferma una realtà, il Mistero presente.

La fede è razionale, in quanto fiorisce sull'estremo limite della dinamica razionale come un fiore di grazia, cui l'uomo aderisce con la sua libertà. E come fa l'uomo ad aderire con la sua libertà a questo fiore incomprensibile come origine e come fattura? Aderire con la propria libertà significa, per l'uomo, accettare con semplicità quello che la ragione percepisce come eccezionale, con quell'immediatezza certa, come avviene per l'evidenza inattaccabile e indistruttibile di fattori e momenti della realtà, così come entrano nell'orizzonte della propria persona. È un fenomeno che è parte della dinamica dell'uomo. Prendere coscienza e conoscenza della realtà ha diverse modalità di esito, a seconda dei rapporti che si stabiliscono. Un giudizio vero nasce da una semplicità di cuore. Così, l'avvenimento di Cristo è immediatamente sperimentato come eccezionale perché è eccezionale; ma per coglierlo nella sua diversità occorre che la ragione, con semplicità, immediatamente accetti, riconosca quello che avviene, quello che è avvenuto, con l'immediatezza certa che si ha di fronte a ogni evidenza della realtà. Perché prima di tutto, prima del giudizio che Giovanni dà su quell'Uomo, che Pietro dà su quell'Uomo, prima del loro giudizio e della loro adesione, prima c'è questa semplicità, c'è questo cuore semplice, ci sono questi occhi semplici, questa tensione, questo desiderio semplice che è aperto a recepire, che è nella possibilità di recepire con chiarezza quello che ha incontrato, l'aspetto della realtà in cui si è imbattuto.

Scrive in proposito il cardinale Ratzinger, grande difensore della fede in questi tempi malvagi: «Una delle funzioni della fede, e non tra le più irrilevanti, è quella di offrire un risanamento alla ragione come ragione, di non usarle violenza, di non rimanerle estranea, ma di ricondurla nuovamente a se stessa. Lo strumento storico della fede può liberare nuovamente la ragione come tale, in modo che quest'ultima – messa sulla buona strada dalla fede – possa vedere da sé [...]. La ragione non si risana senza la fede, ma la fede senza la ragione non diventa umana [...]. Come mai la fede ha ancora successo?». Il fatto che ci siano giovani persone, culturalmente avvedute, che credono, non può non far sorgere questo interrogativo. «Direi – risponde Ratzinger – perché essa trova corrispondenza nella natura dell'uomo [...]. Nell'uomo vi è un inestinguibile desiderio di infinito. Nessuna delle risposte che si sono cercate è sufficiente. Solo il Dio che si è reso finito, per infrangere la nostra finitezza e condurla nella dimensione della sua infinità, è in grado di venire incontro alle esigenze del nostro essere»[19].

Nell'epoca moderna il razionalismo, perdendo la vera natura della ragione, rende abituale la *confusione tra senso religioso e fede*, evacuando così anche la vera natura della fede. Questo è l'argomento che più indizia l'origine e sintetizza la documentazione di tutto il

[19] J. RATZINGER, *La fede e la teologia ai giorni nostri*, in *Enciclopedia del cristianesimo*, De Agostini, Novara 1997, 30.

malessere che il mondo moderno vive dal punto di vista del rapporto con Dio e della storia religiosa dell'umanità. Il razionalismo moderno, che si impone all'uomo di oggi, nella società di oggi, come privilegiato criterio, rende normale la confusione tra senso religioso e fede, negando anche la vera natura della fede, che è quella di un giudizio cui la libertà si unisce: l'affettività compie il contenuto di questo giudizio.

La confusione tra senso religioso e fede rende confuso tutto. Il crollo della fede nella sua natura vera, com'è nella Tradizione, cioè nella vita della Chiesa, il crollo della fede come riconoscimento di «Cristo tutto in tutti», come adeguazione a Cristo e imitazione di Cristo, ha dato origine allo *sconcerto moderno*, il quale si rivela in vari e identificabili aspetti. Dettagliamo ora questi aspetti che, caratterizzando lo sconcerto moderno, possono rivelare fatiche e inesattezze di tutti.

2. Una fede svuotata: i cinque «senza» del razionalismo moderno

a) La prima conseguenza del razionalismo è sintetizzabile nella formula: *Dio senza Cristo*. È la negazione del fatto che soltanto attraverso Cristo è possibile che Dio, il Mistero, si riveli a noi per quello che è. «Dio senza Cristo», o *fideismo*: questo caratterizza tutte le posizioni che, eliminando la razionalità della fede, pretendono di definire Dio come idolatria di un particolare, sentito o ereditato da una certa tradizione etnica o culturale, oppure fissato dalla propria immaginazione o dal proprio pensiero. Il fideismo svuota con tecniche e argomentazioni formalmente razionali il fondamento di tutta l'esperienza cristiana, della conversione religiosa della nostra vita, del senso di Dio che abbiamo e di tutto il nostro sforzo morale.

b) Seconda conseguenza: *Cristo senza Chiesa*. Se il primo aspetto era identificabile col fideismo, il secondo aspetto, immediatamente conseguente, può chiamarsi *gnosi, gnosticismo,* in qualunque sua versione.

Se si elimina in Cristo il fatto di essere uomo, uomo reale, storico, si elimina la possibilità stessa di un'esperienza cristiana. Un'esperienza cristiana è un'esperienza umana, perciò è fatta di tempo e di spazio come ogni realtà anche materiale. Senza quest'aspetto di materialità l'esperienza che l'uomo fa di Cristo manca della possibilità di verifica della sua contemporaneità, cioè della verità di quanto Lui ha detto di sé. In un ambito razionalisticamente influenzato, la realtà fatta di tempo e di spazio è disprezzata come luogo sorgivo dell'esperienza del senso ultimo dell'uomo: il senso ultimo dell'uomo non entra nell'esperienza quotidiana.

Non si può pensare a Cristo senza una tale concretezza; sarebbe ridurre e trasformare quello che Cristo ha detto di sé, quello che Cristo è, come rivelatore, nelle mani di Dio. Sant'Ireneo afferma: *Caro cardo salutis* («La carne è cardine della salvezza»)[20]. L'introduzione e il perno della salvezza è nella carne: Dio entra con Cristo nell'esperienza umana. *Caro cardo salutis* vuol dire che, se il cardine della salvezza è nella carne, se l'introduzione e il perno della redenzione sono nella carne (Cristo che muore e risorge), Dio, in quanto Cristo, in quanto natura di Cristo, in quanto nella propria natura

[20] IRENEO DI LIONE, *Adversus haereses*, libro V, cap. 2.

si è «impadronito» di Gesù di Nazareth, entra nell'esperienza umana: Dio entra con Cristo nell'esperienza umana.

L'eliminazione della carnalità implicata in ogni esperienza umana, anche nell'esperienza di Gesù Cristo, pone Lui – e la Chiesa – in una astrazione, riducendolo a uno dei tanti modelli religiosi. Ancora Ratzinger scrive: «L'identificazione di una singola figura storica, Gesù di Nazareth, con *la realtà stessa* [la realtà è l'Essere, perciò è qui a tema l'identificazione di Gesù di Nazareth con il Mistero, con l'origine della realtà stessa], ossia con il Dio vivente, viene respinta come una ricaduta nel mito; Gesù viene espressamente relativizzato come uno dei tanti geni religiosi. Ciò che è assoluto, oppure Colui che è l'assoluto, non può darsi nella storia, dove si hanno solo modelli, solo figure ideali che ci rinviano al totalmente altro, il quale non si può afferrare come tale nella storia»[21]. Il razionalismo sostiene «dogmaticamente» che Cristo Dio, come tale, non si può afferrare nella materialità dell'uomo, cioè nella storia (il cui flusso invece è condotto dal Mistero).

L'impossibilità ad accettare il cristianesimo nel mondo di oggi si identifica dunque con questa negazione: Gesù non può essere Dio, perché non si può parlare di Dio fatto uomo. Questa è l'eliminazione del cristianesimo, il quale non può sussistere in una interpretazione che limiti la natura e le conseguenze di questa enorme affermazione: Dio s'è fatto uomo. Per questo «Gesù» è l'invocazione che più tranquillamente l'uomo del popolo, l'uomo semplice, l'uomo nella sua semplicità, riconosce: invoca Gesù. Se non si tiene presente, però, che

[21] J. Ratzinger, *La fede e la teologia...*, cit., 24.

Gesù è Cristo, il Figlio di Dio, l'uomo consacrato, destinato come natura, come origine, a far parte del mistero di Dio, allora l'invocazione «Gesù», o l'affezione a Gesù si svuota: Gesù come uomo non diventa il «luogo» di un'attrattiva che apre inopinatamente, inconcepibilmente all'Infinito. Il «sì» di Pietro è, invece, il contrario. Il «sì» di Pietro si fonda sull'attrattiva e sull'affezione che nella sua carne Gesù suscitava. Era un uomo davanti al quale Giovanni e Andrea sono rimasti colpiti.

Dice san Bernardo: «Quanto per natura conosceva dall'eternità, imparò per esperienza umana»[22]. È un frase chiaramente sintetica del Gesù «Dio fatto uomo». Cristo, quanto per natura divina conosceva dall'eternità, imparò per esperienza umana. Perciò è dall'esperienza umana di Gesù che noi dobbiamo partire per arrivare dove Egli ha voluto condurci, alla sua obbedienza al Padre e al suo modo di guardare e di valorizzare le cose, al suo modo di affermarne la bellezza e la bontà, perché, come diceva l'*Ecclesiastico*, «Dio ama ciò che ha creato, ha fatto buono tutto ciò che ha creato»[23]. È partendo dall'esperienza umana di Gesù che si può arrivare a una imitazione di Cristo come obbedienza al Padre, obbedienza al Mistero.

c) Terzo aspetto dell'incidenza che il mondo razionalista ha portato fin dentro la nostra vita ecclesiale, singolare o collettiva, è una *Chiesa senza mondo.* Da qui dipendono *il clericalismo e lo spiritualismo*, quale duplice riduzione del valore della Chiesa come Corpo di Cristo.

La vita religiosa cristiana viene determinata dallo

[22] San Bernardo, *Tractatus de gradibus humilitatis et superbiae*, cap. III, par. 6, in PL 182, col. 945.

[23] Cfr. Sir 39, 39; 1 Tm 4, 4.

statalismo che, in modo unilaterale, viene chiamato anche «clericalismo». La religiosità cristiana si svolge così nell'ambito di regole legalisticamente concepite (farisaismo), per cui si è praticamente resi adepti di un potere (civile, politico o religioso). All'epoca di Gesù erano i farisei (potere religioso) e i romani (potere politico), oggi la *pax romana* ha altre flessioni e s'attarda su altri nomi di nazioni. Ma, oggi come allora, tutte le religioni sono accettate, purché implichino l'adorazione dell'imperatore, l'adorazione del potere che governa.

Per questo sentiamo nostra tutta l'ironia con cui Péguy sa parlare della verità che vive, cui cerca di adeguarsi: «Così noi navighiamo costantemente tra due curati, noi manovriamo tra due bande di curati: i curati laici e i curati ecclesiastici; i curati clericali anticlericali e i curati clericali clericali; i curati laici che negano l'eterno del temporale, che vogliono disfare, smontare l'eterno del temporale, da dentro al temporale; ed i curati ecclesiastici che negano il temporale dell'eterno, che vogliono disfare, smontare il temporale dall'eterno, da dentro all'eterno. Così gli uni e gli altri non sono affatto cristiani, poiché la tecnica stessa del cristianesimo, la tecnica e il meccanismo della sua mistica, della mistica cristiana, è l'aggancio di un pezzo di meccanismo in un altro; è questo innesto di due pezzi, questo aggancio singolare, mutuo, unico, reciproco, che non si può disfare: insmontabile; dell'uno e dell'altro, dell'uno nell'altro e dell'altro nell'uno, del temporale nell'eterno e (ma soprattutto, ciò che più spesso viene negato) (ciò che in effetti è la cosa più meravigliosa) dell'eterno nel temporale»[24].

[24] Cfr. CH. PÉGUY, *Lui è qui*, Rizzoli Bur, Milano 1997, 92.

«Chiesa senza mondo!». Invece, come afferma sant'Agostino, la Chiesa è il mondo riconciliato con Dio: *Reconciliatus mundus, Ecclesia*[25]. Perché il mondo sia rinnovato, occorre che il mistero di Cristo, nella sua presenza temporale, entri attivamente nel mondo secondo tutti i suoi aspetti, come la Resurrezione di Cristo implicò la salvezza di tutti i fattori dell'umano. La Resurrezione di Cristo è la salvezza dell'uomo come tale, di tutto l'uomo.

Lo «spiritualismo» è la fede giustapposta alla vita; così la fede non è più ragione illuminante e forza operante nella vita. Ogni spiritualismo non può che parlare della Resurrezione di Cristo in modo sentimentale: devozione di un ricordo, non memoria di una presenza. Così, Cristo non sarebbe risorto come corpo realmente: la Resurrezione non è un presente, la salvezza non è già cominciata (per cui la vita presente è svolgimento del seme iniziale che è Cristo risorto). Il modo sentimentale, devozionale, con cui la Resurrezione di Cristo è trattata e ridotta è il sintomo più grave e cospicuo dello spiritualismo nella sua incidenza sul popolo e sulla Chiesa tutta. Se la Resurrezione non è presente, la salvezza non può essere già presente e la Resurrezione di Cristo sarebbe come un punto che parla di un avvenire, dell'ultimo ignoto avvenire riservato all'ultimo passo della storia.

Osserva acutamente Péguy: «Il materialismo ha una mistica, ma è una mistica che non è affatto pericolosa. Essa è incapace di offendere a causa della sua grossolanità. Tutt'altra è la mistica contraria, quella che nega il temporale dell'eterno, è come più propriamente anti-

[25] SANT'AGOSTINO, *Sermo 96*, in *Sermones*, PL 38, col. 588, linea 17.

cristiana. Negare il cielo non è quasi certamente pericoloso. È un'eresia senza avvenire. Negare la terra, invece, è tentante. Anzitutto è cosa non da poco. Il che è peggio. Si perviene così a questi vaghi spiritualismi, idealismi, immaterialismi, religiosismi, panteismi, filosofismi così pericolosi, perché non grossolani. Negare la temporalità, la materia, la grossolanità, l'impurità, negarli, rinnegare la temporalità, ecco il fine dei fini: il puro, la purezza, il puro sublime»[26].

La salvezza è concepita «escatologicamente», solo nell'ultimo giorno. In questo modo si evacua totalmente la salvezza dell'umano com'è definita dalla fede, perché la fede annuncia, tende a realizzare e realizza, nel limite del possibile, la salvezza di un presente. Se si confina la salvezza alla fine del tempo, si distrugge di fatto la ragionevolezza della fede, cioè la sua umanità, la concretezza umana del nostro rapporto con Cristo e, da ultimo, la ragione stessa della Chiesa nel mondo, il «chi è» del cristiano nel mondo. La Chiesa diventerebbe così non protagonista, ma cortigiana della storia culturale, sociale e politica. Il singolo cristiano non vivrebbe più un'appartenenza, ma un'affiliazione per censimenti e volontariati, cioè l'omologazione di cui abbiamo sempre parlato.

Si annulla così il fatto che il cristianesimo è l'annuncio di una realtà profondamente nuova, che implica in sé tutta la natura umana con una risoluzione ulteriore a un altro livello, a un livello non previsto e non prevedibile, né decifrabile, né immediatamente quindi fattibile, dalla coscienza solita dell'uomo. In questo modo l'ontologia cristiana viene distrutta da un'etica

[26] Cfr. CH. PÉGUY, *Veronica...*, cit., 117 ss.

intesa come coscienza e uso della realtà che partono da un concetto di cosa sia l'uomo e da una ontologia umana non percossi dal messaggio cristiano (come appare oggi, per esempio, da una concezione della dimensione politica avulsa dalla religiosità cristiana). Come la natura dell'uomo è salvata da qualcosa di più grande di lui – in cui l'uomo è intero, l'umanità è intera, ma porta la forza di un soggetto senza paragone più grande, infinitamente più grande –, analogamente la concezione morale, nascendo come applicazione di un'ontologia, è salvata dall'ontologia propria del discorso cristiano, perché il discorso portato da Cristo è un altro modo di pensare, di concepire e di vivere la realtà. L'etica che deriva dal naturalismo e dal razionalismo, invece, diventa distruttiva dell'etica che nasce e scaturisce dall'ontologia del discorso cristiano, che è l'annuncio di un essere nuovo, di un essere che è l'umanità nuova, di una nuova umanità.

Questa distruzione ci riporta allo statalismo, nella sua versione di clericalismo. «Coloro che prendono le distanze dal mondo – scrive Péguy –, coloro che prendono quota abbassando il mondo, non si innalzano. Poiché non hanno la forza e la grazia di essere della natura, credono di essere della grazia. Poiché non hanno il coraggio del temporale, credono di essere entrati già nella penetrazione dell'eterno. Poiché non hanno il coraggio di essere nel mondo, credono di essere di Dio. Poiché non hanno il coraggio di essere di uno dei partiti dell'uomo, credono di essere del partito di Dio. Poiché non amano nessuno, credono di amare Dio»[27].

[27] Cfr. CH. PÉGUY, *Lui è qui*, cit., 485 s.

d) Da una «Chiesa senza mondo», un *mondo senza io*: è questo il quarto «senza» in cui raccogliamo le riflessioni sulla situazione del mondo d'oggi. Come abbiamo osservato, la Chiesa senza mondo diventa un «clericalismo» – l'imponenza di leggi ben fissate per ogni particolare della vita, tendenti a descrivere l'atteggiamento da avere in ogni circostanza, così da determinare tutte le flessioni dell'umana vicenda, come accade oggi –, o uno «spiritualismo» – «Chiesa senza mondo» vuol dire, infatti, «Chiesa Corpo di Cristo» e «Cristo» senza la versione quotidiana in cui si cala e prende forma l'io umano: in questo senso, resta una Chiesa astratta o una concezione della vita astratta. Ma se la Chiesa è senza mondo, questo mondo tende a essere senza l'io: vale a dire è un'*alienazione*. Questo mondo ha come caratteristica e come risultato – previsto o non previsto, voluto o non voluto, normalmente voluto dal potere, da chi ha il potere culturale in un determinato momento – l'alienazione.

Così, sinteticamente, il mondo finisce per essere l'ambito dell'esistenza definito dal potere e dalle sue leggi. Mentre il mondo è l'ambito dove Cristo realizza nel tempo la redenzione dell'uomo e della storia. Nella scollatura o nell'antitesi razionalista, il mondo è ridotto all'ambito dell'esistenza definito dal potere e dalle sue leggi, che diventano strumenti di violenza. C'è stato, qualche anno fa, l'intervento di un magistrato che ha esaltato il principio di legalità come «assoluto», affermando che il Natale non doveva avere come oggetto Cristo, ma la legalità, l'ordine dello Stato. Questo richiama a un brano di Miłosz su cui abbiamo riflettuto tante volte: «Si è riusciti a far credere all'uomo che, se vive, è solo per grazia dei potenti. Pensi dunque a bere il caffè e a dare la caccia alle farfalle: chi ama la *res publica* avrà la mano mozzata»[28].

Conseguenza evidente e ultima di ciò: la perdita della libertà. Un'esistenza definita dal potere e dalle sue leggi ha come conseguenza ultima la perdita della libertà, la non considerazione o l'abolizione della libertà, un'abolizione non proclamata teoricamente, ma di fatto attuata: e poiché la libertà, comunque la si definisca, è il volto dell'io umano, si tratta della perdita della persona umana. Si chiama, appunto, alienazione.

Il «mondo posto nella menzogna» è quello per cui Gesù diceva di non pregare; Gesù non poteva non pregare per il mondo come creatura che aspettava la salvezza[29]; egli non pregava per il «mondo»[30] in quanto è dominato e si lascia dominare da un'altra concezione, in quanto è invaso dalla menzogna: «Pensate voi che ci sarà ancora fede sulla terra quando verrà il Figlio dell'Uomo?»[31]. Questo «mondo» è il mondo negativo e alienante, dove l'io è negato e alienato, dove significato di vita, tempo, spazio, lavoro, affezione, società, non nascono dalla appartenenza a Cristo attraverso l'appartenenza alla Chiesa, ma da un'altra cultura; una cultura che attinge i suoi inizi, cercando di svilupparli fino a determinare il volto di un ultimo fine, da una «naturalità» che esclude (perché «è troppo difficile») o discute (perché «non è chiaro» o perché «vuol esser libera» in senso istintivo) il mistero di Dio fatto uomo, il suo avvenimento presente. Tale naturalità vige, prevale nel mondo culturale in cui viviamo.

[28] C. Miłosz, *Consigli*, vv. 18-21, in *Poesie*, Adelphi, Milano 1983, 116.
[29] Cfr. Gv 3, 16 ss.
[30] Cfr. Gv 17, 9.
[31] Cfr. Lc 18, 8.

È l'appartenenza non alla società, non allo Stato, ma a Cristo nella sua Chiesa, è l'appartenenza a Cristo attraverso l'appartenenza alla sua Chiesa, è questa l'origine anche del concepire come debba essere una politica che si dica cristiana o che si possa dire cristiana.

e) Questo io, l'io alienato, è un *io senza Dio*. L'io senza Dio è un io che non può evitare tedio e nausea. Per cui si lascia vivere: si può sentire particella del tutto (panteismo) o è preda della disperazione (il prevalere del male e del nulla: nichilismo)[32].

«Nulla è più lontano da me», dice Claudel, «che la concezione panteista, l'idea di essere come annegato in un mondo in cui ci si dissolve con voluttà [sembra la definizione della New Age]. Questa concezione mi è sempre stata estranea; ho il sentimento molto forte della mia personalità, il sentimento che non sono fatto per essere inghiottito in un insieme, ma, al contrario, per dominarlo e per strappargli il senso che può avere»[33].

3. La moralità nuova

I cinque aspetti che abbiamo delineato dello sconcerto moderno, originato dal crollo della fede nella sua natura vera, spiegano, o meglio, debbono chiarire anche il nostro comportamento di vita, fino ad essere temi di ben motivati esami di coscienza («Sappiate rendere ragione a chiunque della speranza che è in voi»)[34].

[32] Cfr. *infra*, 12 ss.
[33] P. CLAUDEL, *Mémoires improvisées*, Gallimard, Parigi 1954, 290.
[34] 1 Pt 3, 15.

Abbiamo visto quello che la fede in Cristo ci detta come osservazione sul mondo in cui viviamo e come possibilità di ricondurci in esso a libertà, per renderci di nuovo capaci di chiarezza e di coerenza con noi stessi. Le conseguenze, infatti, della situazione in cui siamo sono amare. Per questo ho esemplificativamente sintetizzato i cinque aspetti: «Dio senza Cristo»; «Cristo senza Chiesa»; «Chiesa senza mondo»; «mondo senza io»; «io senza Dio». Vogliamo adesso vedere brevemente come la fede in Cristo produca non solo una mentalità nuova, ma anche una *moralità nuova.*

«Il mio giusto vive di fede»[35], dice la Scrittura. Come la fede, in quanto sorgente di leggi morali, origina una moralità nuova? Come dall'appartenenza a Cristo vissuta nella Chiesa nasce una nuova morale? Il mondo usa volentieri il termine «giustizia» per identificare la moralità. È facile la tentazione in questo senso, dove per giustizia si intendono valori impostati secondo la propria convenienza. La moralità nuova che scaturisce nell'avvenimento cristiano è il riconoscimento amoroso di una Presenza connessa con il destino. Poi si capisce, maturando, stando in essa, che questa Presenza è continua. La moralità nuova è il riconoscimento amoroso di una Presenza connessa con il destino che continua nella storia. Tutta la storia precedente dà forza a questa evidenza, perché è una evidenza. È da una evidenza che il «sì» di Pietro sorge, prende corpo.

In tal senso, è la parola «carità» che definisce il concetto di giustizia cristiana. Nella carità si determina ultimamente il valore vero della persona, la sua

[35] Cfr. Ab 2, 4; Rm 1, 17.

corrispondenza all'Essere: se una moglie tratta il marito senza avere questa prospettiva, almeno implicita, non lo può trattar bene; se un figlio guarda i genitori senza questa implicazione, non può andar bene il rapporto. È la carità come corrispondenza all'Essere: guardare l'altro come termine del rapporto concepito come corrispondente all'Essere e il soggetto dell'altro come corrispondenza all'Essere. Come a Giuda Gesù disse: «Amico, con un bacio mi tradisci?»[36]. Questa è la giustizia di Dio. Essa è parte del Mistero. Carità e giustizia coincidono, nel Mistero sono una cosa sola, anche se le due parole sono, ciascuna per suo conto, vere.

Ma la giustizia di Dio non è la giustizia degli uomini (come la carità di Gesù è diversa da quella degli uomini): essa opera un cambiamento. La giustizia di Dio, nella carità riconosciuta come parola espressiva suprema dell'atteggiamento di Dio con l'uomo e dell'uomo con Dio, opera un cambiamento radicale, va cioè alla radice stessa del cuore: «L'uomo guarda all'apparenza, Dio guarda al cuore»[37], la Sua giustizia non confina né si imprigiona nelle apparenze. Perciò la giustizia di Dio è sempre un cambiamento delle esigenze costitutive originali del cuore nella loro totalità, fino alla felicità e perfezione.

Ciò che ha provocato il «sì» di Pietro è la carità di Cristo, che ha cambiato in dolore positivo il rimorso del tradimento operato. Il rimorso del tradimento è stato investito dalla carità di Cristo, e il cambiamento in dolore positivo è la carità come riverberata da Pietro; riverberata nel senso che viene accettata da Pietro, messa

[36] Cfr. Mt 26, 50. Cfr. anche *infra*, 37 s. e 59 s.
[37] 1 Sam 16, 7.

in atto, forse senza pensarci, da lui stesso. Il «sì» di Pietro è l'espressione più grande dell'opera redentrice di Cristo sull'uomo, è l'esplodere del positivo dell'Essere sul negativo della menzogna dell'azione dell'uomo.

Per questo il cambiamento che dimostra la presenza di Cristo si chiama «testimonianza»: è l'opera dell'io come opera di Dio, *opus Dei*, secondo la libertà che Dio esige; riguarda vita, tempo e spazio, amore, lavoro e società: non è soppressione di qualcosa dell'io, ma positività ultima di tutto l'io nel suo essere.

Il cambiamento è frutto, opera del Mistero nel tempo – del disegno di Dio. La parte che spetta alla libertà dell'uomo è la mendicanza. Questi sono i fattori del disegno di Dio. Alla libertà dell'uomo spetta la mendicanza, perché tutto il potere è di Dio. «Dio è tutto in tutto»: ha creato la natura, cioè ha partecipato il Suo essere a una creatura che, come Cristo, fosse riflesso, splendore, coscienza di quel che è il Padre, riconoscimento pieno del Padre; così la mendicanza è l'espressione del riconoscimento pieno che l'uomo fa della sua dipendenza da Dio, del suo riconoscimento di quel che è Dio.

La grande obiezione è che il cristianesimo non mantenga la promessa fatta. Nell'*Angelus* rispondiamo all'invito di chi guida la preghiera, dicendo: «Perché siamo fatti degni delle promesse di Cristo». La promessa è: *Mecum eris in paradiso* («Sarai con me in paradiso»)[38], dice Cristo all'assassino crocefisso vicino a Lui, e «il *centuplo* quaggiù»[39], aveva profetizzato prima. L'obiezione nasce da un altro aspetto della nostra co-

[38] Lc 23, 43.
[39] Cfr. Mt 19, 29; Mc 10, 30.

scienza, nasce dalla paura del sacrificio. Eliot scrive: «Io credo che la stagione della nascita sia quella del sacrificio»[40]. La stagione della nascita, per la madre e per ciò che ella crea, è un sacrificio. È un sacrificio evolvere verso una verità l'affetto che si ha per una persona. È un sacrificio quando non si prendono con la truffa o con un *escamotage* dei soldi. È un sacrificio quello di un magistrato che, nella sua ricerca di indizi e soprattutto nella sua proposizione all'autorità della società di quel che si debba fare di un individuo, tenga conto della persona; perché non può un magistrato favorire una tendenza attiva che massacri la speranza di un popolo. Osserva Mauriac: «La croce [il sacrificio] si oppone alla vita [...] tale e quale noi la sogniamo [...]. Non si oppone alla vita tale e quale è»[41]. Il sacrificio si oppone al sogno, non si oppone alla vita tale e quale è.

Sacrificio: condizione del possesso vero. Il tempo che passa non annulla, ma approfondisce la verità del possesso di tutto, in qualsiasi rapporto: niente è più obiezione. Se Dio è diventato uomo ed è morto in croce per me, dove posso trovare l'obiezione?

La dissolvenza del sacrificio apre a un'immagine più bella. Come in un film quando, a un certo punto della storia, cambia l'inquadratura attraverso una dissolvenza e la stessa scena diventa più chiara. Mentre c'è la dissolvenza, uno resta senza fiato, ma poi ha un altro quadro in cui quello di prima è diventato più bello. Questo è, come abbiamo meditato tante volte, il senso

[40] T.S. ELIOT, *Riunione di famiglia*, in *Opere 1939-1962*, vol. II, Bompiani, Milano 1993, 45.
[41] F. MAURIAC, *Margherita di Cortona*, Mondadori, Milano 1952, 84.

di *Mia giovinezza*[42], una poesia di Ada Negri che, nel maturarsi della sua esperienza di fede, a settant'anni, ci ha insegnato e ci ha dimostrato come il mistero dell'Essere implichi questa conversione del concetto di sacrificio e dell'atteggiamento di fronte a esso. Il mistero dell'Essere che si attua in questa valorizzazione del sacrificio, più che in qualsiasi altra situazione o posizione, è la conferma della positività di tutto quello che l'uomo ha davanti a sé. L'espressione migliore di ciò la risentiamo nascere in noi quando leggiamo il Salmo 8:

O Signore, nostro Dio,
quanto è grande il tuo nome su tutta la terra:
sopra i cieli si innalza la tua magnificenza.
Con la bocca dei bimbi e dei lattanti
affermi la tua potenza contro i tuoi avversari,
per ridurre a silenzio nemici e ribelli [la ragionevolezza...].
Se guardo il tuo cielo, opera delle tue dita,
la luna e le stelle che tu hai fissate,
che cosa è l'uomo perché te ne ricordi
il figlio dell'uomo perché te ne curi?
Eppure l'hai fatto poco meno di Te,
di gloria e di onore lo hai coronato:
gli hai dato potere sull'opera delle tue mani,
tutto hai posto sotto ai suoi piedi;
tutti i greggi e gli armenti,
tutte le bestie della campagna;
gli uccelli del cielo e i pesci del mare,
che percorrono le vie del mare[43].

[42] A. NEGRI, *Mia giovinezza*, cit., 78.
[43] Sal 8, 2-9.

L'uomo è niente, se prende coscienza del suo rapporto con l'Essere. È niente, eppure Dio l'ha fatto, egli si sente fatto, si percepisce fatto, costruito, per una cosa grande («Di gloria e di onore lo hai coronato: gli hai dato potere sull'opera delle tue mani»). La dimostrazione, il segno che l'uomo è stato fatto carico di gloria e di onore, non meritandolo dal punto di vista ontologico, è che Tu, Signore, «gli hai dato potere sull'opera delle tue mani», su tutto il creato: la scienza, ogni livello della scienza e del potere è dipendente da questo: «O Signore, Dio nostro, quanto è grande il tuo nome su tutta la terra».

Senza la positività, la creatività indomabile, insonne, irriducibile, che in qualsiasi momento, di fronte a qualsiasi difficoltà, trova la sua origine, la sua sorgente nella realtà di Cristo presente nella sua Chiesa, non è possibile vivere. Dall'inesausta misericordia che è Cristo, speranza del cammino umano, chiediamo insieme a Dio di riprendere coscienza ogni giorno della gratitudine che dobbiamo a Cristo e alla Chiesa, nostra madre, ma soprattutto del totale abbandono a Dio, di quel totale abbandono che ci fa dire nella Compieta: *In pace in idipsum obdormiam et requiescam*[44]: in Lui come Mistero, in Lui come Dio, in Cristo come Dio, in Dio, un abbandono totale. È l'ultimo possibile respiro dell'uomo: in Lui in pace mi quieto fino a darmi al sonno, ad arrendermi al sonno. Nel sonno l'uomo trova, paradossalmente, l'immagine del suo esistere, della coscienza del suo esistere, per la gloria umana di Cristo nella storia. Che nelle nostre azioni il nostro soggetto viva l'abbandono al Mistero, a Cristo, al Mistero

[44] Cfr. Sal 4, 9.

che si è rivelato in quell'Uomo, e, perciò, che stupefatti sentiamo il «sì» di san Pietro («Sì, io Ti amo»)[45] emergere dal fondo del cuore, questo atteggiamento è la mirabile novità che il cristiano deve documentare dovunque vada, per la gloria umana di Cristo nella storia: quanto più si vedrà questo cambiamento, tanto più vi sarà gloria a Cristo, la gloria di Cristo nella storia sarà sorpresa, voluta, consapevolmente amata, sopra ogni cosa. Come mi diceva un amico, la gloria di Cristo può diventare proprio la passione di un giovane o di un uomo.

[45] Gv 21, 17.

III. «Solo lo stupore conosce»

«I concetti creano gli idoli, solo lo stupore conosce»[46]. Questa frase di san Gregorio di Nissa, una grande figura dei primi secoli cristiani, corrisponde alla nostra concezione del conoscere e riconoscere Cristo, che si trova nei nostri testi e nel nostro linguaggio. Come possiamo definire il motivo per cui si dice «sì» a Cristo? Il motivo per dire «sì» a qualcosa che si introduce nella nostra vita vincendo tutti i preconcetti è una bellezza: una bellezza e una bontà che possiamo benissimo non riuscire a definire, ma che sentiamo come contenuto della nostra ragione per la decisione più «grave» in cui essa è implicata, cioè la fede, perché la fede nasce come riconoscimento della ragione.

«I concetti creano gli idoli, solo lo stupore conosce». La semplicità dei bambini è la verità del nostro aderire alla fede, dell'aderire della nostra fede a ciò che la Chiesa dice, che la tradizione cristiana porta a noi, che la Chiesa, nel movimento, ci dice: la semplicità è l'atteggiamento del bambino, che va davanti alle cose senza «ma», «se» e «però», va davanti alle cose, le tocca o le tratta, con immediatezza. Per questo Gesù dice: «Se non sarete come bambini, se non sarete così da grandi,

[46] Cfr. Gregorio di Nissa, *La vita di Mosè*, in PG 44, col 377B e *Homilia XII*, in *Cantica Canticorum*, in PG 44, col 1028D.

non entrerete mai, non capirete mai, non sentirete mai»[47]. Per questo anche noi affermiamo che «i concetti creano gli idoli, solo lo stupore conosce».

Come si fa a riconoscere che siamo sollecitati ad aderire a Cristo dal movimento e dalla Chiesa di Dio, dalla Chiesa cattolica invece che da altre versioni? «Solo lo stupore»: è lo stupore, come per Giovanni e Andrea. Questa è la parola che spiega tutto quello che noi diciamo dell'inizio della fede. Il gesto della fede si è enucleato, è sorto ed è stato «gestito» in Giovanni e Andrea (quale importanza ha per noi questa prima pagina del Vangelo di Giovanni!) per una Presenza: era una Presenza suggestiva, una Presenza che colpiva, una Presenza che stupiva: «Ma come fa ad essere così?». È tale e quale quello che viene detto in tutte le frasi che la gente con cui viviamo può dire, può essere «costretta» a dire dall'esempio di ognuno, dalla nostra testimonianza («Come fanno ad essere così lieti?», «Ma tu come fai ad essere così sereno?»).

Dalla fede – che è affermazione di un fatto, dell'oggettività di un fatto, Cristo – si sviluppa una esteticità, cioè una suggestività, che rivela una ragione adeguata realmente in atto: è una ragione adeguata che fa nascere l'estetica in un rapporto. Perché la bontà, cioè *l'etica, deriva dall'estetica.* È dalla suggestività della figura di Cristo, che mi ha colpito da ragazzo, quando sono entrato in seminario, e si è moltiplicata dopo, è diventata più seria dopo, che la mia «testa dura» o la mia neghittosità sono state costrette a guardare sempre il bene, fino ad aver coscienza davanti a Dio che lo faccio, o tento di farlo.

[47] Cfr. Mt 18, 3.

Se non si tiene e non si cerca di seguire questa regola, la bontà, l'adesione alla morale, a quel che dice la Chiesa come morale, non è persuasiva, perché non è valida proposizione alla natura dell'uomo.

«I concetti creano gli idoli, solo lo stupore conosce»: conosce e quindi concepisce. Altrimenti si è vittime del preconcetto. Non c'è giustizia nel nostro modo di ragionare, se esso non prende coscienza del preconcetto da cui parte. Se non si è bambini, come dice il Vangelo, si parte da un preconcetto. E non si può aderire a una cosa che ci chiede sacrificio in forza di un preconcetto: si deve aderire per la forza di attrattiva che ha. Come Giovanni e Andrea: «Che attrattiva ha quell'Uomo!». Così nasceva in loro la domanda: «Cosa vuol dire quello che Lui dice di sé? Cosa dice di Dio?».

Bisogna scoprire, perciò, nella nostra educazione, il modo di percepire, far venire a galla e affermare la suggestività di una proposta. Solo se la proposta è suggestiva noi la prendiamo sul serio. Altrimenti, di essa prendiamo solo quello che decidiamo noi, cioè aboliamo la proposta. La riduzione della fede a senso religioso avviene così.

Non c'è filosofo moderno o artista contemporaneo che possa dire o pensare quello che san Gregorio di Nissa ha detto: oggi si parla per lo più dell'emergenza in se stessi di una preferenza, di una scelta, mettendo come unica ragione adeguata il proprio sentimento, una partenza nella vita e nel mondo da se stessi.

Per questo Gesù citava il bambino più piccolo come esempio ai grandi, perché innanzitutto bisogna essere liberi e veri, trasparenti. Diversamente, in tutto sorge l'obiezione: tutte le nostre obiezioni partono da un preconcetto e vi si arroccano, così che esso diviene inattaccabile e impedisce, poi, ogni tentativo di identificare una verità reale da parte della ragione. Lo stupore solo «convince», cioè conosce fino alla convinzione, fino a generare convinzione. Il preconcetto è proprio l'eliminazione della vera estetica, del vero gusto della vita.

Indice dei riferimenti biblici

Esodo
3, 14 17

1 Samuele
16, 7 145

Giobbe
10, 18 80

Salmi
4, 9 149
8, 2-9 148
8, 4-5 11
8, 5 75
17, 12 16
18, 2 91

Sapienza
9, 15 75

Siracide
39, 39 136
42, 15.21-22 12
43, 27 12

Isaia
58, 12 95

Geremia
14, 9 94, 95
20, 14 80

Osea
10, 8 22

Abacuc
2, 4 144

Matteo
5, 17 34, 115
5, 18 34
5, 48 33
6, 7 ss. 31
13, 58 130
15, 24 42
18, 3 152
19, 3 ss. 81
19, 29 146
20, 28 40
23, 8 28
23, 8.10 27, 53
26, 50 145
28, 20 35, 71

Marco
10, 30 146

Luca

2, 49	30
6, 36	33
10, 22	8
11, 28	27
13, 34 ss.	43
18, 8	142
18, 10-14	34
22, 27	40
22, 42	54
23, 33	36
23, 43	146
24, 47	42

Giovanni

1, 9	38
1, 14	91
1, 18	81, 129
3, 16	35
3, 16 ss.	142
5, 19	30
6, 53	84
8, 44	27
11, 28	27
11, 49-52	44
14, 6-9	31
14, 9	129
15, 5	40
17, 1-2	45
17, 2	26
17, 3	45
17, 6-8	38
17, 9	142
18, 33-37	44
19, 8-11	44
21, 17	150

Romani

1, 17	144
8, 14-17.19-23	29
12, 2	39
13, 1-3	46

1 Corinti

2, 12	104
4, 3	93
10, 31	21, 33
15, 28	8, 11, 25, 75, 78, 103

2 Corinti

5, 17	28, 104

Galati

3, 26	29
3, 27-28	83
4, 4-7	29
6, 15	28

Efesini

1, 5	30
4, 23	28
5, 2	54
5, 29-32	84

Filippesi

4, 13	91

Colossesi

1, 16	104
1, 17	91
3, 9.10	28
3, 11	8, 25, 26

1 Tessalonicesi
5, 10 21, 33
5, 21 96

1 Timoteo
2, 4 94
4, 4 21, 136

Ebrei
2, 10 30
3, 13-14 46
12, 5-8 30
13, 8 129
13, 14 11

Giacomo
1, 18 28
2, 19 80

1 Pietro
1, 23 28
2, 13 46
3, 15 143

1 Giovanni
3, 3 34
5, 19 118

Apocalisse
21, 7 29

Indice dei nomi e dei luoghi

Agostino, santo, 56 e n., 138 e n.
Ambrogio, santo, 23 e n.
Arendt, Hannah, 113 e n.

Beethoven, Ludwig van, 75
Benda, Julien, 122
Berlino, 72
Bernardo di Chiaravalle, santo, 41, 136 e n.
Bersanelli, Marco, 85 e n.
Betlemme, 35
Bloch, Ernst, 90

Caltagirone, 82
Carracci, Annibale, 57
Carrel, Alexis, 110 e n.
Carrón, Julián, 87
Caterina da Siena, santa, 49
Claudel, Paul, 143 e n.
Cluny, 48

Dante Alighieri, 75
Dell'Asta, Adriano, 65 e n.
de Lubac, Henri, 69 e n.
Dewey, John, 68 e n.

Eliot, Thomas Stearn, 16 e n., 147 e n.
Eltsin, Boris, 15

Garofalo, mons. Salvatore, 128
Giovanni Paolo II, 121, 123 e n.
Gramsci, Antonio, 70, 77
Gregorio di Nissa, santo, 151 e n., 153
Guitton, Jean, 107 e n.

Hitler, Adolf, 14

Ildegarda di Bingen, 48
Ireneo di Lione, santo, 134 e n.

Jacopone da Todi, 96 e n.

Karaganda, 88
Kazakstan, 88

Laurentius Eremita, 88, 130
Lenin, 14
Leopardi, Giacomo, 87 e n.
Luigi XIV (Re Sole), 7
Lutero, Martin, 14

Mann, Thomas, 13, 14
Massillon, Jean-Baptiste, 7
Massimo il Confessore, santo, 25 e n., 60 e n.
Mauriac, François, 147 e n.
Miłosz, Czesław, 141, 142 n.
Milosz, Oscar Vladislas, 11 e n., 17
Michelangelo Buonarroti, 58 e n., 69 e n., 70
Möhler, Adam Johann, 57 e n.
Mussolini, Benito, 14

Nazareth, 35, 82
Negri, Ada, 88 e n., 148 e n.
Nel primo chiarore del giorno, inno, 100 e n.
New Age, 13, 143
Nôtre Dame, cattedrale, 7
Novosibirsk, 87

Palestina, 82
Pascal, Blaise, 15, 16 n.
Pavese, Cesare, 117 e n.
Péguy, Charles, 52 e n., 137 e n., 138, 139 n., 140 e n.
Petrarca, Francesco, 69, 70 n.
Pietro il Venerabile, 48
Prima che sorga l'alba, inno, 100 e n.

Ratzinger, card. Josef, 132 e n., 135 e n.
Rivoluzione francese, 71

Sartre, Jean-Paul, 113 e n.

Vittorino, Mario, 116 e n.
Vladimiro, re, 65

Zvěřina, Josef, 39 e n., 119, 121 n.

Indice tematico

accettare, 131
aderire/adesione, 19, 37, 131
affezione/affettività, 117, 133
alienazione, 141, 142
amicizia, 19, 20, 28, 36-37, 41, 47-48, 54, 59-60, 79, 81, 86-87
amare/amore, 19-20, 35, 37, 54, 79, 87, 93, 96
anima, 16, 54
apparenza/apparire, 13, 15, 100, 112, 114, 115
appartenenza, 63, 98, 100, 122, 123, 142, 143, 144
a priori, 67, 68, 93
ascoltare, 53
associazione /associazionismo, 76
attesa, 100
attrattiva, 136, 152
autorità, 27, 39, 46, 66
Avvenimento, 55-57, 63, 66, 69, 81-82, 97, 109-111

Battesimo, 27, 28, 55, 83, 85-86, 87, 115, 116, 122

cambiamento, 98, 146
carisma, 56, 88-89, 122-124
carità, 41, 144-145
carpe diem, 78, 93
cattolicità, 95
chiamata, 30, 83
circostanza, 63
clericalismo, 136-137, 140, 141
coerenza, 34
comandamento, 72
compagnia, 84-85 (c. vocazionale, 56)
compimento, 52
comportamento/atteggiamento, 52, 67 (c. di Cristo, 30, 31, 33, 35, 43-45)
comunità, 38-39
condivisione, 41
conoscere/conoscenza, 27, 29, 40, 104, 124, 129, 154
convivenza, 46, 76
cristianesimo, 63, 64, 91, 97, 111, 135, 139
croce, 29
cultura/culturale, 47, 98, 108-109 (espressione c., 63) (c. dominante, 71-73)
cuore, 76, 116-117, 145

Destino, 40-41
dimenticanza, 36, 100, 118
dimora, 48, 85-86
dipendenza, 18
disperazione, 22, 143
divenire, 15
dogma/dogmatico, 71, 97 (contenuto d., 64, 65)
domanda, 20-21, 34, 40, 51-52, 81
dono, 54, 80

eccezionalità/eccezionale, 130, 131
ecumenismo, 47, 48, 90-92, 95
esperienza, 16, 105-107, 134 (e. cristiana, 134)
essere creato, 20 (v. anche *essere partecipato*)
essere partecipato, 20-21, 23, 41, 52, 78-79, 94
estetica, 152, 154
estraneità/estraneo, 22-23, 49
eterno, 115
etica/etico, 18, 55, 65, 68-69, 70, 72, 97, 104, 112, 140, 152 (coscienza e., 52) (richiami e., 65)
Eucarestia, 84, 115
evidenza, 131

famiglia, 48, 49, 73, 85, 86
familiarità, 22, 30
farisaismo, 137
fede, 25, 64, 74, 124, 127, 129, 130-133, 139, 144, 151-153
fedeltà, 121-123
felicità, 51, 76
fideismo, 133
figlio/figliolanza, 29

generare/generazione, 47
giudizio, 131, 133
giustizia, 144 (g. degli uomini, 145) (g. di Dio, 145)
gnosi/gnosticismo, 134
gratuità, 47

ideologia, 67, 109-114
idolatria, 22
imitare/imitazione, 27-29, 32, 45, 128
incontro, 57, 81, 88, 90
individualità, 14
io, 11, 15-16, 20, 75-76, 78-79, 85 (io/tu 59, 79, 99) (maturazione dell'i., 86) (realizzazione dell'i., 85) (sete dell'i., 12, 37)
irreligiosità, 105
istintività, 16
istituzione, 42, 123

lavoro, 47
letizia, 23
libertà, 18-21, 36, 74-79, 81, 105, 131, 133, 142, 146 (perdita della l., 142)

Maestro, 27
magistero, 27
Matrimonio, 81, 115

memoria, 46, 58, 66, 68, 110-111, 122
mendicare/mendicanza, 34-36, 40, 146
mentalità, 104-105 (m. comune, 14, 69, 71-72, 106, 112) (m. dominante, 72, 90, 128) (m. nuova, 122, 127, 128)
menzogna, 118, 142
metodo, 82 (m. di Dio, 114, 124) (m. sacramentale, 38, 116)
miracolo, 121
misericordia, 35-37, 49, 74, 91, 94, 121, 149
missione/missionario, 63, 74, 85, 87-90, 124 (azione m., 119) (promozione m., 119)
monachesimo, 48
mondo, 23, 128, 141
morale/moralità, 23, 27-28, 30, 33, 35-37, 58, 106 (m. cristiana, 21, 45-46, 53) (dovere m., 58) (m. nuova, 28, 115, 122, 127, 144)
moralismo, 106-107
movimento, 86, 124

nichilismo/nichilista, 13-18, 92-93, 143 (razionalismo n., 18)

obbedienza, 33, 36, 46, 122-123, 129, 136 (o. al Padre, 34)
offerta, 33, 46
omologazione/omologabile, 14, 77, 139
ontologia/ontologico, 13, 18, 26, 28, 49, 51-52, 55, 60, 64-65, 68, 70-71, 83, 139-140
operare/opera, 76, 98
Ordine, 115

pace, 23, 47-48
panteismo/panteista, 13-18, 143
passato, 111
paternità, 30, 47
patria, 42-43
peccato/peccatore, 21-23, 52 (p. originale, 112)
Penitenza, 115
perdonare/perdono, 58, 74, 91
perfezione, 33
pietà, 43, 49, 94
popolo, 42, 47-48, 65 (p. ebraico, 118) (p. nuovo, 115)
positività, 31
possesso, 16
potere, 14-17, 23, 48-49, 66, 69, 72-74, 77, 94, 137, 141 (p. politico, 43-44)
preconcetto, 109-110, 118, 153-154
preghiera, 20-21, 34, 40, 51, 99-100
presente, 111

Presenza, 37-38, 81-82, 84, 90-91

ragione, 13, 17-18, 20, 103, 107-109, 114, 117-118, 127, 130-131, 151
ragionevolezza/ragionevole, 107
razionalismo, 18, 132-133, 135
realtà, 13, 107 (contingenza della r., 13)
relativismo, 68
religiosità, 32-33, 64, 118, 131
Resurrezione, 29, 40, 58, 82
riconoscere/riconoscimento, 19, 30 (non r., 23)

sacramento/sacramentalità, 39, 40, 84, 115-116
sacrificio, 99, 104, 147-148, 153
salvezza, 94, 134, 138-139
sconcerto moderno, 133
segno, 38, 100, 112, 114-116, 129
seguire, 27, 53
seminario, 86
semplicità, 131, 151
sentimento/stato d'animo, 116-117
senso religioso, 129-133, 153
sì di Pietro, 37, 136, 144-145, 150
significato, 113
soddisfazione, 19
speranza, 40, 90, 93
spirito, 16
spiritualismo, 136, 138, 141
statalismo, 137, 140
storia, 44-45, 47 (fine della s., 45)
stupire/stupore, 152, 154
suggestività, 152-153 (v. anche *attrattiva*)

teologia, 97
testimonianza, 45, 63, 88, 97, 98, 124, 146
tolleranza, 77, 92, 93
totalitarismo, 15
Tradizione, 28, 66, 68, 121 (t. cristiana, 69)
Trinità, 19, 27, 53, 87
Tu (v. *io/tu*)

umanità, 82, 89

vedere, 53
violenza, 47-49, 80, 92, 94, 141
vocazione, 63, 88

Fotocomposto da Punto Editoriale - Genova
Finito di stampare nell'aprile 1999
da Techno Media Reference S.r.l. Milano